本专著为：

安徽省教育厅高校重点人文社科项目研究成果（项目编号：SK2017A0890）

马鞍山师范高等专科学校重点科研项目研究成果（项目编号：2018XJZDKY01）

JISHU YUJING XIA DE
DIANZI HUIHUA FENXI

技术语境下的
电子会话分析

王春 ◎ 著

安徽师范大学出版社
·芜湖·

图书在版编目(CIP)数据

技术语境下的电子会话分析 / 王春著.—芜湖:安徽师范大学出版社,
2019.6

ISBN 978-7-5676-3028-4

Ⅰ.①技… Ⅱ.①王… Ⅲ.①语言分析 Ⅳ.①H0

中国版本图书馆CIP数据核字(2017)第161567号

技术语境下的电子会话分析　　　王春◎著

责任编辑:李克非
装帧设计:张　玲
出版发行:安徽师范大学出版社
　　　　　芜湖市九华南路189号安徽师范大学花津校区
邮政编码:241002
网　　址:http://www.ahnupress.com/
发 行 部:0553-3883578 5910327 5910310(传真)E-mail:asdcbsfxb@126.com
印　　刷:江苏凤凰数码印务有限公司
版　　次:2019年6月第1版
印　　次:2019年6月第1次印刷
规　　格:880mm×1230 mm　　　1/32
印　　张:8
字　　数:180千字
书　　号:ISBN 978-7-5676-3028-4
定　　价:43.00元

凡安徽师范大学出版社版图书有缺漏页、残破等质量问题,本社负责调换。

前　言

　　会话分析强调研究在自然环境下使用的语言，因此以往的会话分析都集中在日常会话上。技术语境下的电子会话同样是自然状态下的会话，但是我们发现：技术的介入促使交际双方的会话心理预设发生改变，从而使整个会话的话语表征、话语结构和话语策略都发生系统性的变化。技术成了不可跨越的媒介。

　　电子会话是新型技术条件下的会话方式，相较于其他技术条件下的会话有其自身的优势与价值。其优势在于：语料的丰富性及搜集方法的简易性；其价值在于：电子会话可能是以后人际交往相当普遍的方式，公众交际可能要大量地发生在网上。

　　基于此，我们选取QQ、微信、微博等社交应用为样本，在分析电子会话语域的基础上，对电子会话的言语社团和话语表征进行考察，从静态的角度对电子会话结构进行演绎与归纳，从动态的角度对电子会话策略进行阐释与分析，以此探究技术对会话的影响。

　　本书共分为七章。

　　第一章：绪论。本章包括研究对象的界定、研究意义与价值的分析和电子会话研究现状综述，以及本书在语料搜集、研究范围、研究方法上的概况。

第二章：理论背景与研究框架。本章以技术与社会的互动理论、语域理论、言语社团理论、话语分析理论为背景，构建三级研究框架：哲学层面上以技术与社会的互动理论为背景研究技术对会话的作用；语言学层面上从功能主义语言学与社会语言学出发，研究技术语境下特定语域中的言语社团及其话语表征；话语层面上运用话语分析理论研究电子会话结构与电子会话策略。

第三章：电子会话的语域与言语社团。本章从功能主义语言学出发，根据韩礼德的语域理论，从语场、语旨、语式三个客观变量将电子会话语域与日常会话语域进行比较分析，归纳出不同的语域特征，并根据这些特征对电子会话作出预测。同时，从社会语言学的角度对电子会话言语社团的构成进行考察，对"网络潜伏者"进行认知解读。

第四章：电子会话的话语表征。本章重点考察技术语境下电子会话话语在语音、书写形式、词汇、语法等方面表现出的变异性特征，以及在互动过程中呈现出的互文性特征。

第五章：电子会话结构分析。本章从静态角度对电子会话的整体结构与局部结构进行研究。

首先，本章在将电子会话与日常会话作比较的过程中，对电子会话的主体（话轮、话对、话段、话流）进行了重新界定与分析，对电子会话的开端、结尾进行描写，并结合电子会话实例加以归纳总结，研究电子会话的整体结构。

其次，本章在对电子会话话轮构成要素与分配要素考察的基础上，总结了一套电子会话独有的话轮交接系统，并阐述分析了电子会话的话对、话段、话流的形式结构，研究电子会话的局部结构。

第六章：电子会话策略分析。本章在探讨电子会话元策略——面子策略的基础上，结合电子会话中"自我"创设与成长的过程，推导出 RO 集建立过程中两种截然不同的言语调控策略：依附性会话策略与标识性会话策略，并结合电子会话实例从话轮和修辞两个角度对这两种策略进行探析。

第七章：技术与电子会话。本章重点阐述技术对电子会话的影响及其社会效应。

为了保证电子会话的真实性，书中语料所有的格式、文字、符号都保持原样，未作改动；语料中的语法错误未作修改；语料中的错别字均在后面加了"（　）"，并用斜体标出了正确的本字；因电子会话中特殊的用词用语，如谐音等产生的别字，未作标注。为了保护会话者的隐私，会话参与者均采用英文字母代表，书中涉及肖像的图片全部省略并在文中加以说明。

目 录

第一章 绪 论

1.1 研究缘起

中国互联网信息中心 2016 年 7 月发布的《中国互联网络发展状况统计报告》指出：截至 2016 年 6 月，我国网民规模达 7.10 亿，我国互联网普及率达到 51.7%；我国手机网民规模达 6.56 亿，网民中使用手机上网的人群占比达到 92.5%。即时通信、搜索引擎、网络新闻作为基础的互联网应用，用户规模保持稳健增长，使用率均在 80% 以上。其中，即时通信在所有互联网应用中，网民使用率最高。截至 2016 年 6 月，网民中即时通信用户规模达到 6.42 亿，占网民总体的 90.4%，其中手机即时通信用户 6.03 亿，占手机网民的 91.9%。

表1 2015.12—2016.6中国网民各类互联网应用的使用率

应用	2016.6		2015.12		半年增长率
	用户规模(万)	网民使用率	用户规模(万)	网民使用率	
即时通信	64177	90.4%	62408	90.7%	2.8%
搜索引擎	59258	83.5%	56623	82.3%	4.7%
网络新闻	57927	81.6%	56440	82.0%	2.6%

来源:CNNIC2016年第38次中国互联网络发展状况统计报告——个人互联网应用发展状况(七)

1

表2 2015.12—2016.6中国网民各类手机互联网应用的使用率

应用	2016.6		2015.12		半年增长率
	用户规模(万)	网民使用率	用户规模(万)	网民使用率	
手机即时通信	60346	91.9%	55719	89.9%	8.3%
手机网络新闻	51800	78.9%	48165	77.7%	7.5%
手机搜索	52409	79.8%	47784	77.1%	9.7%

来源：CNNIC2016第38次中国互联网络发展状况统计报告——个人互联网应用发展状况(七)

中国互联网信息中心2016年4月发布的《2015年中国社交应用用户行为研究报告》中显示，人们使用社交应用的主要目的有：与朋友互动（72.2%）、了解新闻热点（64.3%）、关注感兴趣的内容（59.0%）、获取知识与帮助（58.3%）和分享知识（54.8%）。

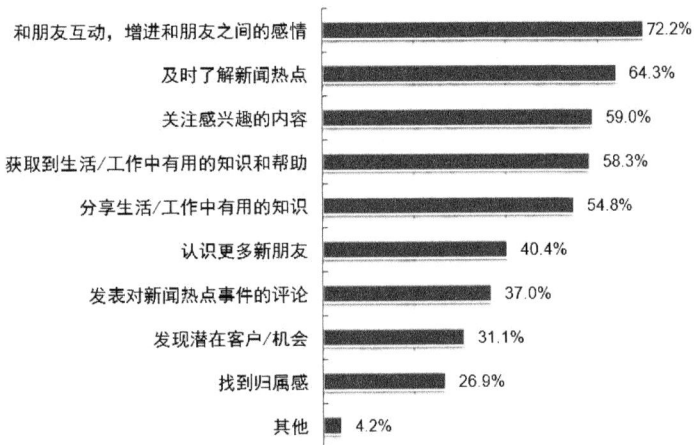

图1 社交应用主要使用目的

来源：CNNIC2015年中国社交应用用户行为研究报告

可见，借助网络媒介进行交际的模式已不断普及，并发展成为一种不可逆转的潮流，为人们的信息交流带来了革命性的影响。日常生活中，人们与家人、朋友、同事甚至陌生人进行交流的工具越来越多元化，以QQ、微信、微博、QQ空间、朋友圈、BBS、电子邮件等为代表的电子媒介，因其易操作性、开放性和包容性吸引着成千上万的用户。借助网络媒介进行话语交流的全新的会话模式——电子会话（electronic conversation）已成为日常会话的一种重要的补充形式。并且，随着网络技术的普及与发展，电子会话将成为现代社会人际交往（interpersonal communication）的重要手段。

1.1.1 电子语篇

自从美国结构主义语言学家哈里斯在1952年提出语篇分析（discourse analysis）这一术语以来，传统的语篇按其语式（mode）分类，一般可分为书面（written）语篇和口头（spoken）语篇。而从20世纪70年代以来，由于电脑和网络技术的出现和发展，一种新的交际形式出现了，这就是电子语篇（electronic discourse）。目前除了电子语篇这种名称外，还有"网络语言"（netspeak）、"因特网语言"（Internet language）、"电脑语言"（cyberspeak）、"电子语言"（electronic language）、"互动书面语篇"（interactive written discoures）、"网上交际"（web communication）、"计算机中介交际"（computer-mediated communication）等。[1]事实上，不同的术语常常有不同的含义，电子语篇强调的是互动和对话的性质。这种与电脑有关的交际形式像电话和电

---

[1] 黄国文.电子语篇的特点[J].外语与外语教学,2005(12):1.

视一样，给我们的信息交流和日常生活带来很大的影响。正如克里斯特尔所评述的那样，如果因特网的诞生是一场革命的话，那么，它很可能是一场语言学革命。

黄国文把"电子语篇"定义为："人们在电脑空间中进行的互动的、电子的、通过键盘输入信息并在荧屏上显示相应文本结构（text-based）的交际形式。这里的'电脑空间'包括计算机和手机；'互动的'表示广义的双向的意义，（即，不仅仅是即时的互动），'电子的'表示不是用传统的纸墨书写的；'键盘'包括计算机键盘和手机键盘；'荧屏'包括计算机和手机的显示器；'文本结构'表示非声音说出，而以文字形式显示的信息。从所包含的内容/范围上来说，这可能是一个比较宽泛的定义。"①

口头语篇包括日常口语交际、正式的口头表达、访谈等由口头语言构成的语篇；书面语篇包括手写、印刷和打字等形式的语篇；电子语篇包括手机短信、网络聊天、电子邮件、网络新闻、微博、BBS等由电子媒介传输的语言产品。无论是电子语篇、口头语篇、书面语篇，都是人类运用语言实现某种交际目的的产物，都是以语言为基础的。这是三大类型语篇的共性。然而，由于交际媒介的差异和信息传递渠道的不同，这三类语篇在语言的运用方面又各具特点，而它们之间的个性差异便成为语篇分析领域研究的课题。

1.1.2 电子会话

会话是言语交际最基本的形式，也是社会生活的常态之一。

---

① 黄国文.电子语篇的特点[J].外语与外语教学,2005(12):1.

在大家的印象中，有些日常会话看起来是毫无目的、杂乱无章、内容琐碎、无规律可循的，但是实际上会话却是有结构、有动机和表达一定意义的活动。每个会话参与者都必须遵守已定的规则，只有这样会话才可能进行。电脑和网络技术的出现和发展催生了新的会话模式——电子会话。黄国文提出的"电子语篇"是一个相对宽泛的定义，而"电子会话"是"电子语篇"常见的一种表现形式，也是最能体现"互动"这一特点的语篇形式。

电子会话与日常会话的区别，表现在以下几个方面：

（1）同步会话与异步会话

如果说由于时间差产生的同步会话和异步会话是一个连续体上的两端，那么日常会话和电子会话就分别位于这两端之间不同的位置上，如图2所示。

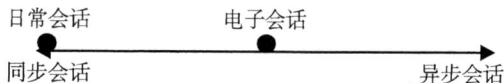

图2 日常会话与电子会话在同步会话与异步会话连续体上的分布

在这个连续体上，靠近同步会话一端的是日常会话，而电子会话处于两极之间。也就是说，日常会话是同步发生的；电子会话根据语篇的性质可分为两种类型：同步电子会话与异步电子会话。同步电子会话如QQ、微信等即时通信工具发送的信息、聊天室中的聊天、虚拟角色扮演游戏等；异步电子会话如朋友圈、QQ空间发送的信息、微博用户间的互动、网上论坛、电子邮件等。有时，同步电子会话出现时间差、信息沟时会表现出异步电子会话的特性；异步电子会话的参与者同时在线时也会表现出同步电子会话的特性。

（2）二元会话与多元会话

如果说由于同时间段内会话参与人数不同产生的二元会话和多元会话是一个连续体上的两端，那么，日常会话和电子会话就分别位于这两端之间不同的位置上，如图3所示。

图3　日常会话与电子会话在二元会话与多元会话连续体上的分布

在这个连续体上，靠近二元会话一端的是日常会话，而电子会话处于两极之间。也就是说，在某个时间段内，日常会话通常发生在两个会话参与者之间；电子会话的参与者人数不等，有可能是两个会话参与者，也有可能是多个会话参与者。二元电子会话发生在QQ、微信等即时通信工具的私聊情境下；多元电子会话发生在QQ群、微信群、聊天室、虚拟角色扮演游戏、微博、网上论坛等情境下。有时，在同一个时间段内，会话参与人数的变化会促使二元电子会话与多元电子会话的相互转换。

（3）语音会话与文本会话

如果说由于信息传递方式的不同产生的语音会话和文本会话是一个连续体上的两端，那么日常会话和电子会话就分别位于这两端之间不同的位置上，如图4所示。

图4　日常会话与电子会话在语音会话与文本会话连续体上的分布

在这个连续体上，靠近语音会话一端的是日常会话，而电子会话处于两极之间。也就是说，日常会话通过语音传递信息；电子会话由于技术的参与既可以通过语音传递信息，也可以通过文本传递信息。QQ、微信、聊天室等情境可以同时实现语音会话和文本会话；微博、网上论坛、电子邮件等情境主要依靠文本会话。随着数字技术的发展，导致同一情境下会话参与者可以使用不同的技术手段，随时在语音电子会话与文本电子会话之间切换。实际上，电子会话表现出多模态性，即文字、动画、图片、语音、动作命令、视频等语言手段和非语言手段在同一会话情境中综合运用。

通过对日常会话与电子会话的比较，我们认为：电子会话为现有的话语分析开辟了新的研究领域，将催生新的研究成果。

1.1.3　电子会话分析

会话分析（conversational analysis）强调研究在自然环境下使用的语言，因此以往的会话分析都集中在日常会话上。技术语境下的电子会话同样是自然状态下的会话，但是我们发现：技术的介入促使交际双方的会话心理预设发生改变，从而使整个会话的结构和策略都发生了系统性的变化。技术成了不可跨越的媒介。

会话结构（conversation structure）的研究就是考察人们在日常言语交际过程中所遵循的规则，研究会话的整体结构和局部结构，探讨会话是怎样开始，怎样结束，会话参与者是怎样轮流说话，如何索取、控制和放弃说话权，以及会话中连贯的话语（discourse）怎样构成，语句间如何制约，等等[①]。而人们在实际交往的时候，必须依赖一些共有的背景知识。"这些背景知识中必须包括有关交际场合、谈话内容、讲话方式等方面的约定俗成的社会规约。这些知识由讲话人从过去的交际经验中获得。在交谈时，人们一方面需要利用这些知识来理解对方的言语和举止；另一方面也要提供必要的语言信号提示对方启用有关的交际知识，以便其正确地理解自己的意思。会话时对这些交际知识的积极使用就是'会话策略'。"[②]

电子会话是新型技术条件下的会话方式，相较于其他技术条件下的会话有其自身的优势与价值。其优势在于：语料的丰富性及搜集方法的简易性；其价值在于：电子会话可能是以后人际交往相当普遍的方式，公众交际可能要大量地发生在网上。

中国互联网信息中心2016年4月发布的《2015年中国社交应用用户行为研究报告》中对我国社交应用的分类如下：

表3　社交应用分类

	类别		代表应用
社交应用	即时通信工具		QQ、微信、陌陌、阿里旺旺、QT语音
	综合类社交应用		QQ空间、新浪微博、人人网
	垂直类社交应用	图片视频社交	美拍、秒拍、优酷拍客、足记
		婚恋社交	58交友、赶集婚恋、世纪佳缘
		社区社交	百度贴吧、豆瓣、天涯社区、知乎
		职场社交	脉脉、领英、猎聘秘书

来源：CNNIC2015年中国社交应用用户行为研究报告

---

① 刘虹.会话结构分析[M].北京:北京大学出版社,2004:前言2.
② 约翰·甘柏兹.会话策略[M].徐大明,周海洋,译.北京:社会科学文献出版社,2001:中文版自序1.

报告显示：从用户对社交应用的使用频率来看，63.3%的用户每天都会使用社交应用，每周使用4—6次以上的用户累计达70.0%，每周2—3次以上的用户累计达81.4%，社交应用成为网民网络生活中不可缺少的一部分。从用户对社交应用的使用时长来看，46.2%的用户每天使用社交应用的时长在60分钟以上，日均使用时长在30分钟以上的用户累计达61.0%，日均使用时长在10分钟以上的用户累计达84.9%。

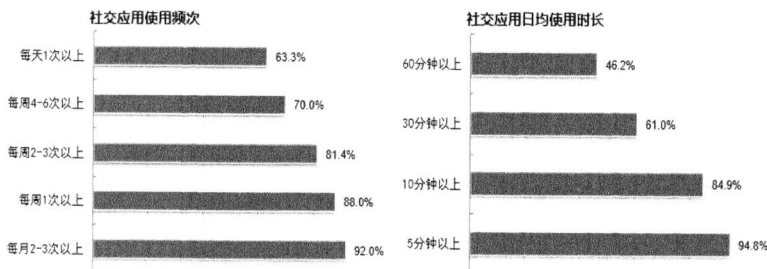

图5　社交应用使用频次与日均使用时长

来源：CNNIC2015年中国社交应用用户研究报告

根据报告，90.7%的手机用户使用过即时通信工具，其中QQ、微信是人们最常用的即时通信工具，使用率分别为90.3%、81.6%，与其他即时通信工具之间拉开较大距离；综合类社交应用由QQ空间、新浪微博领跑，使用过社交应用的用户中，对QQ空间、新浪微博的使用率分别为84.5%、43.5%，遥遥领先于其他应用。

基于此，我们选取QQ、微信、微博等社交应用为样本，在分析电子会话语域的基础上，对电子会话的言语社团和话语表征进行考察，从静态的角度对电子会话结构进行演绎与归纳，从动态的角度对电子会话策略进行阐释与分析，以此探究技术对会话的影响。

1.2 研究的意义

1.2.1 理论意义

第一，电子会话研究，为我们研究有技术介入的话语交际面貌提供了样本。技术的介入，改变了我们一贯熟悉的会话模式，使得人际交往呈现出一种全新的面貌与状态。话语交际的语场、语旨、语式都在发生深刻的变化。QQ、微信、微博等是技术介入之后，深受广大网民喜爱的交际场所，电子会话也成为人们日常生活中非常重要的会话方式之一，电子会话完全可以成为我们对技术语境下话语交际研究的着眼点与平台。

第二，电子会话研究，为研究不同言语社区（speech community）中的话语结构和言语规则提供了参考。不同的言语社区有不同的言语规范与准则。电子会话特有的结构特征不但受制于技术，而且受制于该言语社区成员在语言方面的思想上和态度上的一致性。电子会话为我们圈定了一个特定的相对集中的言语社区，为我们研究其他言语社区中的话语结构和言语规则提供了一个全面而真实的可借鉴的参照样本。

第三，电子会话研究，为我们研究人的社会化、被社会认可的过程提供了依据。电子会话社区可以看作是一种新的社会形态，同时它也是一个新的言语社区。这一言语社区的形成是会话主体之间协商的结果，这个协商的过程就是人被社会认可的过程。言语社区作为一个有着心理现实的交际聚合体，有很多指标是可以调查和论证的。比如：主观认同指标、交际规范同一性的指标和沟通度指标等。这些指标为我们研究人的社会化过程提供了可参考的依据。

1.2.2 实践意义

第一，电子会话研究，为我们展现了全新的话语形式、话语结构与话语策略。在技术条件的制约下，电子会话的话语形式表现出变异性与互文性特征；电子会话结构从固有的一维线性会话向二维平面会话甚至三维立体会话发展，话轮(turn)、话对、话段等概念发生了质的变化；电子会话策略更为丰富，表现出依附性与独立性的对立。通过对电子会话分析，我们发现：任何一种技术的介入都会带来全新的会话模式，但是无论哪种会话模式都是对日常会话的保留、背离或延伸。

第二，电子会话研究，有助于在网络中建立成功、高效、健康的人际关系。会话结构的研究就是考察人们在日常言语交际过程中所遵循的规则，如：会话参与者是怎样轮流说话，如何索取、控制和放弃说话权，以及会话中连贯的话语怎样构成。这些规则成为网络交际中行之有效的言语规范与话语策略。从大量的语料中，我们发现：网络交际失败的不在少数，电子会话中存在大量无法与人交往而保持沉默的潜伏者。这些言语规则有助于保持会话的持续进行，提高人际交往的效率。

第三，电子会话研究，有助于指导我们在现实生活中如何使用话语建立与维持人际关系。电子会话是人际交往的另一种形式的体现，它根植于日常会话，又是日常会话在网络空间

（cyberspace）的延伸。通过对电子会话的研究，我们也可以发现现实生活中人际关系建立与维系过程中一些重要的而被我们忽视的要素。技术语境下的电子会话分析，在话语层面为现实生活中的人际交往提供了参照与借鉴。

1.3 研究现状综述

1.3.1 会话分析研究综述

"会话（conversation）是口头语言表达的一种常见形式，是人们传达信息，表达思想的重要手段和途径。会话通常是由说话双方构成，一方为发话者，一方为受话者，两方不能在同一时间发话，但可以轮流发话。会话多数是在一个发话者和一个受话者之间进行。但也可以在一个发话者与若干个受话者或几个发话者与一个受话者之间进行。如讲演者与听众的会话、课堂答疑者与提问者之间的会话。"①

会话分析开始于20世纪60年代一些社会学家，即通常所说的"民族方法论者"（ethnomethodologists）对于自然会话（natural conversation）的分析。其中最突出的有三个人：萨克斯（Sacks）、谢格洛夫（Schegloff）和杰斐逊（Jfferson）。他们原先研究会话材料的兴趣不在语言，而是在于人类社会交往（social interaction）。但是，他们的分析结果对于会话结构的研究是很有意义的。会话分析学派采用以经验为基础的细致的归纳方法研究日常会话，根据尽可能多的日常会话录音材料，归纳反复

---

① 黄国文.语篇分析概要[M].长沙:湖南教育出版社,1988:161.

出现的会话模式，他们不是采用句法的规则来描写对不同语句的选择，而是把这种选择看作相互作用的结果；他们尽可能地不依赖直觉判断，强调的是实际的日常交际过程。[①]最初，会话分析着重描写日常随意会话（casual conversation）的组织结构，这种会话指朋友和熟人之间面对面对话（dialogue）或者是电话上的闲聊。会话分析学家用有序结构（sequences）、话轮交接和纠正（repair）等术语描写这种会话的结构。他们把会话的录音详细记录下来，结合会话的语境探讨该话语所表现的意义和功能。[②]

萨克斯在分析会话录音材料并试图解释会话是以什么方式进行时，发现在任何会话过程中：

（1）说话者轮换重复发生，或者至少发生一次。

（2）在绝大多数情况下，一次只有一个人说话。

（3）一次有一个以上的人说话很平常，但是很简短。

（4）（从一个话轮向另一个话轮）过渡时，一般中间没有间隙和重叠（overlap）。在构成大量的话轮过渡的同时，有的过渡具有很小的间隙和重叠。

（5）话轮顺序不是固定的，而是变化的。

（6）话轮的大小不是固定的，而是变化的。

（7）会话的长度不是预先确定的。

（8）哪个人说什么不是事先确定的。

（9）话轮的分配不是事先确定的。

（10）会话参与者的数量是可变的。

---

① 刘虹.会话结构分析[M].北京:北京大学出版社,2004:前言1.
② 刘虹.会话结构分析[M].北京:北京大学出版社,2004:11.

（11）谈话可以持续或者停止。

（12）很明显话轮分配的技巧被使用。现在的说话者可以选择下一个说话者（如他向某人问一个问题），或者某人自选开始说话。

（13）多种"话轮构成单位"被使用。如话轮可以是"一个词的长度"，也可以是一个句子的长度。

（14）存在一种纠正机制来处理话轮交接时的错误和违规，比如，假如两个人发现他们同时说话，那么其中之一会停止说话，从而使问题得到纠正。①

萨克斯最先揭示了会话中的毗邻对和会话的序列等问题，并且为了解释会话参与者是怎样有秩序地轮流说话，提出了一个会话的话轮交接系统（turn-taking system for conversation），他们用两个要素和一套规则来描述这个系统。一个要素是话轮的构成要素（turn constructional component），与话轮构成单位（turn constructional unit，缩写为TCU）意思相同；另一个要素是话轮分配要素。话轮分配方法分为两类：一类是现在的说话者指定下一个说话者，另一类是有人自选成为下一个说话者。一套规则是指分配话轮以减少话轮过渡时可能会产生的间隙和重叠的规则。这些研究成果为后来的大批学者的研究开了先河。

国内较早涉及会话分析的著作有1988年出版的黄国文编著的《语篇分析概要》与何自然编著的《语用学概论》。黄国文主要介绍了话轮替换、会话结构、会话规则，并且对课堂上教师与学生的会话进行了分析。他把话轮替换当作会话的特点专门提出，会话结构又分为：毗邻应对（adjacency pair）；选择等级

---

① 以上14条见刘虹.会话结构分析[M].北京:北京大学出版社,2004:21-22.

(preference organization)；插入序列（insertion sequence）；分岔序列（side sequence）；提问与回答；A-，B-和AB-事件（event）。会话规则包括连贯性规则和共有的知识的作用。何自然把结构格式同语用学（pragmatics）的其他内容（指示语、前提、含义、言语行为等）结合起来，介绍了预示语列（pre-sequences）、插入语列、轮流发话等内容。近些年来，汉语会话分析的研究日渐受到关注。代表性的著作有何兆熊主编的《新编语用学概要》与索振羽编著的《语用学教程》。何兆熊比较全面地阐述了话语分析和语用学关于会话结构研究的联系，结合大量的英语实例从静态和动态两方面对会话的研究成果进行了介绍。会话的静态研究主要限于会话本身的结构，分整体结构和局部结构。会话的整体结构包括会话的开端、本体、结尾。会话的局部结构包括会话的轮换、会话中相邻对、相邻对的内嵌。会话的动态研究主要关注"人们在相互交际的动态过程中为什么选择某些语言形式而不选择另一些语言形式来表达自己的思想感情或以言'行事'是有其内在原因的"。①动态研究部分，何兆熊主要介绍了话语角色类型、语用模糊和会话策略。索振羽从轮流说话、相邻对、修正机制（repair apparatus）、预示序列、总体结构等方面，结合汉语材料和英语材料进行了分析。

在所有的研究成果中，刘虹的《会话结构分析》是第一本系统地研究汉语日常会话结构的专著。该书从语言学角度，批判吸收美国会话分析学派的理论和方法，研究汉语日常会话的结构和交际规则。该书有两个特点："第一，运用会话分析的理论和方

①何兆熊.新编语言学概要[M].上海：上海外语教育出版社,2000:329.

法研究汉语会话结构；第二，对相关理论和方法所存在的问题进行了补充、修改和完善。全书共分六章。第一章简单介绍话语分析和会话分析的背景和研究方法。第二、三、四章研究日常会话的局部结构，探讨会话过程各阶段的衔接方式；第二章（话轮）探讨话轮的定义和识别原则；第三章（话轮交接）研究说话者与听话者的角色互换规则；第四章（对答结构）从话语的功能角度考察会话的局部结构及语句间的制约作用。第五章（会话的开头）和第六章（会话的结尾）研究会话的整体结构，考察整体会话的开头和结尾方式以及所遵循的规则。"①我们的研究将借鉴书中的语料（日常会话）和主要观点，与技术语境下的电子会话进行比较研究。书中的一些主要观点将在下文中一一论及，在此不再赘述。

从20世纪70年代起，随着对自然发生的话语作为研究语料的认识加深，研究者们发现对社会语言学的语境也需要作进一步的界定。人们逐渐意识到会话分析的对象并不仅限于日常谈话，也包括机构语境和工作环境中的交流。国内学者如高一虹的《"咨询员中心"与"来话者中心"：两种电话心理咨询模式的会话结构特点》和高一虹、龙迪的《电话心理咨询导语：结构与功能》，他们将会话结构与以语言为主要工具的工作——心理咨询结合起来，为会话分析服务于社会生活需要提供了经典的范例，为汉语微观会话结构研究开辟了新的途径，也给我们带来了关于会话研究走向的思考。

在前人会话分析已取得的成果的基础上，我们认为会话分析在以下几方面还应有所突破：一是不仅要对静止的会话结构

① 刘虹.会话结构分析[M].北京:北京大学出版社,2004:前言2.

系统进行归纳描写，还要对会话动态的转换动力和手段进行研究；二是就结构研究而言，不仅要研究两人会话的情况，还要研究三人及三人以上的会话情况，并归纳出一些具有普遍应用价值的模型；三是要更加关注汉语的会话分析；四是进一步重视会话分析的应用性研究，既要开展特定语域（register）下的会话分析，也要关注技术带来的变异与影响。

1.3.2　网络语言研究综述

2000年对于中国语言学界来说是一个特殊的年份，正是在这一年诞生了一个新的概念——网络语言，也就是从这一年开始，网络语言进入了我们的视野。纵观网络语言近20年来的发展与研究状况，我们发现：中国网络语言的研究经历了三个重要阶段。

第一阶段，2000年，这是中国网络语言研究的酝酿与起步阶段。

2000年6月26日《文汇报》刊登驻京记者吴娟的记者见闻《网络语言不规范引起关注》，这是中国第一篇公开探讨网络语言的文章。在这之前关于网络语言的讨论比较引人注意的大体上是在文学界，别的领域有一些零星的札记和议论。在这之后许多媒体的议论和文章多了一些。这些议论和文章不一定是由吴娟的记者见闻引起的，更确切地说是各界已经关注这件事了，吴娟敏感地做了报道，进一步引起了各界的关注。2000年10月海南出版社出版了易文安编著的《网络时尚词典》。在这期间，基本上是各说各的，议题很不集中，影响都不是很大。2000年12月12日吴娟在《文汇报》发表的《网上会话不再雾里看花》，报道了当时正在编写和不久即将出版《中国网络语言词典》的消息，一时之间，肯定、质疑、褒贬不一，意见纷呈，《中国网络语言词典》成为关注的焦点。这一年中，各方的关注、报道与讨论，为后面的网络语言的研究奠定了基础。

第二阶段，2001年—2002年，这是中国网络语言研究的发展与转型阶段。

2001年2月13日《南京日报》刊登记者李芳的《网络词典是黑话词典吗》和2001年2月16日《北京科技报》刊登阮帆的《网络语言"敲出新天地"》，开始了又一个冲击波。这个阶段是不同意见的交锋，起初是批评网络语言和编写《中国网络语言词典》，后来是另外一种解释，更多的语言学专家发表意见。直至2001年6月于根元主编的《中国网络语言词典》出版发行，此书收录网络词语共1305条。在该书的序中，周洪波对网络语言进行了定性："网络语言是指人们在网络交流中使用的语言形式。从不太严格的意义上划分，网络语言大体上可以分为三类：一是与网络有关的专业术语，如'鼠标、硬件、软件、病毒、宽带、登陆、在线、聊天室、局域网、防火墙、浏览器'等。二是与网络有关的特别用语，如'网民、网吧、触网、黑客、短信息、第四媒体、基准网民、电子商务、政府上网、虚拟空间、注意力经济、中国概念股、信息高速公路'等。三是网民在聊天室和BBS的常用词语，如'美眉、大虾、斑竹、恐龙、菜鸟、酒屋、东东、酱紫、瘟都死'等。第三类词语又可进一步细分：有的是谐音词语，有的是外来词语，有的是缩略词语，还有的是符号词语。从某种意义上说，符号词语属于副语言的范畴。"这是中国语言学界第一次对"网络语言"概念作出比较完整而翔实的阐述。

2001 年 10 月于根元主编的《网络语言概说》出版发行，这是我国第一本研究网络语言的专著，书中主要探讨了下列八个问题：互联网的历史和网络语言的发展；网络语体的特点；网络语言的特征；网络词汇特点；中国大陆同台湾、香港、澳门地区网络词语比较；网络语言与其他媒体语言的比较；网络语言的优缺点与对待网络语言的态度；网络语言的规范。这本书的出版将中国的网络语言研究引向了学术领域，这本书的出版结束了一年多的关于网络语言是是非非的讨论。之前的所有讨论都是针对网络语言是否会对现代汉语造成冲击，是否会影响现代汉语的纯洁性这一问题而展开的。之前所有的讨论都是在记者、媒体及少数专家之间，而非语言学界这个学术氛围之中，因此网络语言的研究从一开始就缺乏一定的理论依据与理性的认识。也正是因为这一点，2002 年开始，对于网络语言的讨论在媒体上逐渐降温，而在学术领域逐渐升温，研究性的文章在各类学术刊物中层出不穷。

审视这一阶段的研究成果，我们发现：网络流行语是研究重点，大家对网络词汇的特征、修辞、构词等各个方面进行了归纳性的分类与描述，这些文章集中研究了网络词汇中不同于日常用语的各种特殊表现形式。但是这些研究只是从词汇的表面形式入手，而未涉及网络语言本质的东西，绝大多数都是采取静态的研究方式，对搜集的语料进行平面的分析，缺乏从互动的角度去研究网络语言。

第三阶段，2003 年至今，这是中国网络语言研究的多元化阶段。

随着网络语言的发展与研究视角的逐渐开阔，大家已经不满足于对网络语言的词汇作静态的分析与描述，从 2003 年开始，网络语言的研究出现新的转向。语言学逐渐与社会学、伦理学、传播学、心理学结合，研究者从新的角度切入，从不同的侧面去研究。一部分研究者开始从对网络词汇的研究转向了对网络会话的研究，试图用一种全新的动态的视角对网络语言进行全方位的考察。还有一些研究者开始了网名的传播学研究和符号的社会学研究。

纵观近 20 年的网络语言研究发展状况，可以发现：网络语言的研究出现了三次转向：第一次是从探讨网络语言对汉语的冲击转向网络词汇的系统研究；第二次是从网络流行语的研究转向网络会话的研究；第三次是从网络会话研究走向网络语言的多元化研究。

虽然在网络语言的研究摸索过程中取得了一定的成果，但是却存在着不少问题，综合起来有以下五个方面：

研究范围——研究范围狭窄，只关注网络语言的表层现象而忽略其本质；

研究视角——将网络语言作为新生事物去观察解读，而忽略了它本身存在的价值；

研究方法——多采取静态描写法，缺乏互动性分析；

研究框架——缺少可支撑的理论；

研究结果——大同小异，具有雷同性、相似性，而突破性不大。

1.3.3　电子会话研究状况

2003 年是电子会话研究的关键期，从这个时候开始，国内许多研究者将关注的目光从静态的词汇转向了动态的会话。我们根据这一时期的相关文献总结了关于电子会话的以下七个研究视点：

（1）电子会话交际主体的研究。多从心理学和哲学的角度去研究主体的身份特征和"自我（self）"的复杂性，缺乏语言学角度的主体解读。

（2）电子会话人际沟通状况的研究。多是通过固定场所短期的跟踪记录来观测人际沟通，语料搜集带有片面性，研究范围比较狭窄，不能真实地反映网络沟通状况。

（3）网络虚拟交往的研究。以网络互动中人际交往的特征为研究对象，对会话者的言语行为作社会学研究。

（4）网络交际空间话语权（power）的研究。将话语权放置于网络空间中考察，对话语行使权力进行界定，考察话语权与角色的关系，或者从批评话语分析（CDA：critical discourse analysis）的角度去分析网络话语权的有限性。

（5）电子会话结构的研究。从语言学角度出发对电子会话作本体研究，集中探讨网络交际中的话轮交接的特征，网上聊天会话的结构特点，以及交际的语篇（text）特点。

（6）电子会话原则的研究。从语言学及社会学的角度出发，将电子会话与日常会话比较分析，探讨网络语言交际对日常语言交际原则的运用和偏离。

（7）网络交际的语体研究。从口头话语（spoken discourse）和书面语篇（written text）两种语言存在状态出发，结合网络交际的实际对使用的自然语言的属性及话语风格进行考察。

在电子会话的研究过程中，虽然研究视角从静态向动态转变，但是从研究的成果看还存在着以下需要关注的问题：

（1）电子会话的研究较为缺乏，语言学层面的研究更少，大多是从哲学角度或社会学的角度去探讨。

（2）电子会话的研究目前仍停留在对语料的静态分析上，大多是对会话结构与原则的归纳描写，缺乏动态的研究，没有从本质上去探寻其深层规律。

（3）目前电子会话的研究停留在会话形式层面的研究，是对结果的研究，是已然的，缺乏预测性的、未然的研究。

（4）电子会话的研究缺乏实践意义的考察。

（5）语言学角度关于电子会话语境（linguistic context）研究有所缺失。

（6）电子会话的研究较多地采用英语语料，但中文本身的电子会话研究价值很大，对人际交往具有非常重要的意义。

近些年，很多学者从语言学角度出发进行电子会话研究，内容涉及话轮交接、语码转换、语体风格、话语变异、会话原则、会话含义等方面，相关文献不再一一列举。从这些与会话分析有关的研究成果中我们发现了一些不足：

（1）缺乏对电子会话整体与局部结构的系统研究。

（2）关注的焦点比较片面，电子会话的相关概念界定不明晰。

（3）侧重对会话本身的静态的结果的分析，缺乏动态的、预测性的、对成因的探析。

（4）普遍都是外语学界的研究，所举语料也是英语会话实例，缺乏中文本身的会话研究。

（5）比较关注二元会话分析，多元会话分析相对欠缺。

1.4 本书研究概况

1.4.1 语料搜集

"会话分析强调研究在自然环境下使用的语言，所以会话分析学家很重视采用何种方法才能收集到在自然的——即没有任何人安排和影响的状态下所说的口语语料。如果方法不正确的话，会直接影响所得结论的正确性。"①录音法（tape-recording）一直是语言学家进行会话分析时采用的方法。根据录音整理出来的书面文字记录一直被认为是研究会话的一种方便可行的方法。但是由于诸如录音效果不理想导致研究者要猜测等原因，这并不是一种真实替代。而用于电子会话的语料可直接在每次会话后复制、截图、保存，在很大程度上是真实的，它满足了语料在可靠性（reliability）和有效性（validity）等方面的要求。

首先，从语料的收录与转写（transcribe）方式看，日常会话中由于牵涉到大量的非语言因素，所以语料的转写比较困难，许多非语言细节容易被我们忽视。但是我们所研究的电子会话完全是通过键盘输入文字或符号的交流，信息完整，可供收集的语料数量庞大，无须记录与转写，社交应用本身具有将会话语料打包下载的功能，且所下载的语料与用户会话时计算机屏幕上所显示的文本完全相同。

其次，下载的语料具有极高的真实性，具体体现在会话有真实的参与者、真实的交际目的、真实的虚拟空间。研究者拿到这

---

① 刘虹.会话结构分析[M].北京:北京大学出版社,2004:27.

一语料后不用经过任何转写等加工程序就可直接进行分析。日常会话中研究者的存在，有时会对当时的交谈产生一定的影响。但是在电子会话中，研究者可以完全保持沉默，单纯以观察者的身份出现在会话现场，而对会话没有丝毫影响。会话参与者也可以自愿提供已发生的电子会话记录，以保证语料的真实可靠性。

本书的语料搜集有以下两方面需要说明：

（1）搜集范围：选取QQ（含QQ群、QQ空间）、微信（含微信群、朋友圈）、微博等高使用率社交应用为样本。

（2）搜集方法：首先，二元会话的语料涉及隐私问题，均由自己熟悉的家人、同事、朋友、学生自愿提供。其次，多元会话的语料由作者在QQ群、微信群、聊天室、微博中进行连续跟踪调查，复制下载保存语料样本，所选用微博语料样本作者均未声明不允许转载或者截图使用。再次，为了保证语料的真实性，语料中所有的格式、文字、符号等都保持原样，未作改动；语料中的语法错误未作修改；语料中的错别字均在后面加了"（　　）"，并用斜体标出了正确的本字；因电子会话中特殊的用词用语，如谐音等产生的别字，未作标注；所有涉及肖像的图片全部省略并在文中说明；为了保护会话者的隐私，会话参与者采用英文字母代表。最后，本书所选用的语料只单纯作为本书论点的论据，仅用于话语现象的研究与分析，不带有任何个人感情色彩与营利目的。

1.4.2　研究范围

本书研究范围的限定考虑到以下几个方面：

（1）我们以键盘为书写工具，网络媒介为载体的会话为研究对象，而不是日常的口头会话。

（2）电子会话有同步会话与异步会话两种，我们主要探讨同步电子会话，异步电子会话中具有典型意义的问题也会涉及。

（3）电子会话有二元会话的方式，也有多元会话的方式，我们主要选取多元会话为研究对象，二元会话中的特殊现象也会兼顾分析。

（4）电子会话语篇具有多模态性，会话分析时我们以纯文本语篇为主，动画、图片、语音、动作命令、视频等超文本语篇为辅。

（5）中文本身的会话分析对人际交往具有非常重要的意义，所以我们选取中文社交应用为研究平台。

（6）会话分析有广义和狭义两种，广义上的会话分析指对人们日常交际情景中的谈话进行系统分析，而狭义上的会话分析仅指以民族方法学为基础的针对会话结构的研究。我们将在广义会话分析的过程中突出电子会话结构的研究。

表4　本书的研究范围

研究范围		日常会话	*电子会话
时间差	同步会话	同步会话	*同步会话/异步会话
	异步会话		
参与人数	二元会话	二元会话	二元会话/*多元会话
	多元会话		
信息传递	语音会话	语音会话	*文本会话/超文本会话
	文本/超文本会话		

1.4.3　研究方法

本书的研究运用了以下几种方法：

（1）演绎法与归纳法并进。我们从对电子会话语域与言语社团的研究出发，对电子会话的话语表征、会话结构、会话策略作出了推演及预测，并结合事实的语料进行归纳分析与验证。

（2）动态研究法。尝试从以往的对会话语料的静态平面的分析，对结果的已然的研究，走向对会话具有预测性的、未然的、动态的研究中。

（3）比较研究法。电子会话根植于日常会话，又是日常会话在网络空间的延伸，因此两者之间既有共性又有差异。差异在于技术的介入，这更能使我们发现技术语境下会话的特殊面貌；共性在于都是自然状态下的会话，研究之中也就更加具有可比性。

（4）基于语料的定性分析法。我们的研究结果不是盲目的、纯粹推测出来的，而是以大量的语料为基础归纳分析出来的。语料的存在为我们的研究提供了实实在在的依据，对于语料的定性分析，才使我们的研究结果真实可信。

（5）话语分析法。我们用话语分析的理论和方法研究电子会话的结构，揭示交际双方（participants）在有技术制约的交际过程中所遵循的规则与采取的策略。

第二章　理论背景与研究框架

　　我们分别选取技术与社会的互动理论、语域理论、言语社团理论、话语分析理论为背景。各理论之间具有层级性：一级理论是哲学层面的技术与社会的互动理论；二级理论是语言学层面的语域理论和言语社区理论；三级理论是话语层面的话语分析理论。

2.1　技术与社会的互动理论

　　随着现代信息技术的发展，人类的交往方式正在发生日新月异的变化，电视、电话、计算机网络的相继出现使地球成为一个小小的村落。在传统社会中，人际交往体系主要以当下为适用范围，所涉及的大多是人与人之间的直接关系，故可称之为近距离交际。在科技社会中，受到有关主体的行为影响的"第三者"已经远远超越了传统的交往范围，有关行为主体与"第三者"是一种以技术为中介的远距离的交际关系。由此，我们不难看到，科技的发展已经使主体的交往方式发生了根本性的变革，传统的主体间直接的近距离交际关系在时间和空间两个向度上出现了延伸。显然，网络空间就是以技术为中介的远距离的会话空间。

在技术与社会交际的关系上存在两种观点：技术决定论与技术的社会建构论。技术决定论与技术的社会建构论是两种针锋相对的观点，它们都是技术哲学界里居主流地位的理论，各自拥有一个很大的认同群体。技术决定论（technological determinism）通常强调技术的自主性和独立性，认为技术能直接主宰社会命运。"技术决定论把技术看成是人类无法控制的力量，技术的状况和作用不会因其他社会因素的制约而变更；相反，社会制度的性质、社会活动的秩序和人类生活的质量，都单向地、唯一地决定于技术的发展，受技术的控制。"①人在技术发展中所能做的与其说是选择，不如说是顺应。"技术的社会建构论是指技术的发展并不是由技术自身的内在逻辑性、规律性所决定。因此，它不是一个固定的、单向的过程，而是一个充满偶然，并包含诸多异质因素的过程……技术的特质及其影响并不是由技术本身的客观性决定的，而是取决于许多相关社会群体的解释框架……技术必然是在一个社会过程中生成并被打上了社会过程的深刻烙印。"②

我们认为两种观点各有所长，又各有弊端。技术决定论者意识到技术对人类社会政治、经济、文化的全方位影响，却走了极端，完全忽略了技术这个社会子系统必然受到其他系统的相干、互动性作用；技术的社会建构论突破了传统的技术决定的局限，可是在技术的发展动力和过程等方面，它只揭示了外

---

① 于光远.自然辩证法百科全书[M].北京:中国大百科全书出版社,1995:225.
② 晏如松,张红.技术的决定论和社会建构论[J].陕西师范大学学报(哲学社会科学版),2004(10):34.

部环境对技术的选择作用，而对技术变迁的内部动力以及应用技术的人类社会则完全消失在它的视野之外。在辩证分析的基础上，我们倾向于技术与社会的互动理论。

我们认为：应在社会与技术之间建立合理的辩证关系，技术与社会应该是相互制约的，一方面，技术根植于特定的社会情境，人在技术的演进过程中发挥了选择的作用；另一方面，新的技术的诞生又会提供一个新的社会情境，从而使人在行为方式上发生改变。因此，技术与社会之间不是单纯的决定或被决定的关系，而是互动的关系。

在技术与社会互动理论的视角下，我们应该重新审视会话。技术语境下的会话一方面受制于技术本身，另一方面又受制于使用该技术的人。以电子会话为例，让各种网络社交应用技术进入会话模式，是人选择的结果，也就是说社会建构了网络社交应用技术。一旦技术介入会话之后，原有的面对面交际的结构特征被打破，选择何种方式开始会话、维持会话、结束会话都要受制于技术本身。交际者一边在学习适应这样的会话模式，一边在言语社团的内部进行协商，并达成相互间的一致。同时交际者对这样的会话模式有选择地进行改善，于是又产生了以其他技术为媒介的新的会话方式。

因此，技术与社会互为因果，有技术介入的电子会话就是技术与社会互动的结果。特定的技术形成了特定的语域与言语社团，从而建构了特定的话语表现形式、特定的会话结构模式、特定的会话策略方式，而这些都会在言语社团成员的协商中得以形成与展现。

2.2 语域理论

在言语活动中，独立于说话人之外的影响因素称为客观变量。"语域"是概括这些影响因素的一个综合性的概念：指按其使用的社会情景定义的语言变体。在韩礼德式语言学中，这个术语专门与按使用者特点定义的语言变体（即地域或阶级方言）对立，并细分为语场、语旨、话语方式等。按照韩礼德的说法，"语域就是因情景语境（context of situation）的变化而产生的语言变化形式。"具体而言，"语境因素（也就是言语活动中的客观变量）包含三个方面：话语范围（field of discourse）、话语基调（tenor of discourse）和话语方式（mode of discourse），即语场、语旨和语式。"①

2.2.1 语 场

语场指的是交谈的话题（subject matter）以及场地（setting）等情景因素。其中话题尤为重要。从某个意义上讲，一次交谈的话题并不是由说话人自由选取的，而是他不得不"被选择"的。他被交付了一个话题，不得不面对它，谈论它。所以，话题对于说话人来讲，是"空降"的，就是加达默尔所说的"我们陷入了一场谈话，甚至可以说，我们被卷入了一场谈话"。这样的话题对于说话人而言就自然成了客体。

客体的话题有很多独立于说话人之外的对言语计划的要求，

---

① 胡壮麟,朱永生,张德禄,等.系统功能语言学概论[M].北京:北京大学出版社,2005:274.

如："句子计划的难易不完全由句子的句法结构所决定，其他因素如语境等也都同时起着作用……描述性的内容比说明性、解释性的内容易于表达……关于具体事物的话语比抽象话题的话语产生得快且较为流畅。"[①]而这些都不是说话人可以自己决定的。

2.2.2 语 旨

语旨指的是交际双方的社会角色关系即个人基调（personal tenor）。个人基调可能是亲密的（intimate），也可能是疏远的（distant）。个人基调制约了语言使用的正式程度。人际关系越亲密，语言的正式程度越低。正式程度的体现形式包括语气（mood）、情态（modality）、称呼（vocative）和人称代词（personal pronoun）等。由于社会角色总是附着了一套特定的行为要求，对交际双方的言语行为都会有所规约，因而，客观上影响着言语活动的展开。

2.2.3 语 式

语式指的是言语活动所采用的媒介（medium）或渠道（channel）。它可能是口头的，可能是书面的，也可能是介于两者之间的。

上述三个因素构成了影响言语活动的客观变量，它们共同作用，在具体的交际场景中以具体的方式出现，从而确定了每个言语活动的语境构型（contextual configuration）。因此，我们将从语域出发，对电子会话的语场、语旨、语式进行具体分析，

---

① 朱曼殊.心理语言学[M].上海:华东师范大学出版社,1990:272–273.

确定有技术介入的言语活动的语境构型，并进一步研究该语境构型之下的话语表征、会话结构与会话策略。

2.3 言语社区理论

"言语社区也称为"言语社团""言语社群""言语共同体"，是指在某种语言运用上持有某些共同社会准则的人们的集合体。"①作为一个言语社区一般应具有以下三个方面的特点：

（1）有相同的语言变项的运用特征；

（2）有一定的交往密度；

（3）自我认同。属于同一个言语社区的人对本社区有自我认同的意识。②

甘柏兹曾在《会话策略》中提道："同一个语言社团的成员的最主要标志不是行为上的一致性，而是在语言方面的思想上和态度上的一致性。社团成员典型性地在某些行为和想法上出现差异。这些差异，从个人的层次来看是不规则现象，但是在社会群体的层次却显现出统计性的规律。"③

综合上述观点，我们发现：电子会话参与者之间交往频繁，会话过程中在语言变项的运用上表现出一致性，且在成员内部之间形成共识，是典型的言语社区。同一言语社区的成员在话语表征、会话结构、会话策略上必然会表现出一致性，当技术

---

① 戴庆夏.社会语言学概论[M].北京:商务印书馆,2004:55.

② 以上3条见游汝杰.邹嘉彦.社会语言学教程[M].上海:复旦大学出版社,2004:84.

③ 约翰·甘柏兹.会话策略[M].徐大明,周海洋,译.北京:社会科学文献出版社,2001:27.

介入，形成新的语域时，这种一致性必然会导致全新的会话模式的形成。网络社群是一种由各异的旨趣决定的区位化的社群，因此，电子会话言语社团话语规则的建构应该是建立在群体共识基础上的微观建构，而不是整体的宏观建构。电子会话的话语规则是在社团成员交互的使用中形成的。

2.4　话语分析理论

"话语分析学者由于各自不同的语言观念及理论侧重，对话语进行了不同侧面的观察和分析。综合而言，所有对话语分析的定义无外乎两个层次：一、话语分析是对超句单位结构的静态描写；二、话语分析是对交际过程意义传递的动态分析。"[①]"话语分析的主要任务基本上有两方面，一方面，话语分析要通过日常话语语料分析揭示超句话语和社会交际的结构。另一方面，话语分析要揭示谈话双方在语境中理解意义的过程。前者研究的是一个静态的话语成品（product），旨在阐述话语结构规则；后者研究的是一个动态的话语过程（process），旨在提示谈话双方在语境因素作用下理解话语含义的交际过程。围绕这两项主要任务，话语分析最主要的研究方法是记录、转写（transcribe）并分析日常会话语料。""主要的分析模式有言语行为理论、会话分析理论、语用学理论和交际社会语言学理论等。"[②]

我们将运用会话分析的理论和方法研究电子会话的话语表征、会话结构、会话策略等。

---

① 李悦娥,范宏雅.话语分析[M].上海:上海外语教育出版社,2002:5.
② 李悦娥,范宏雅.话语分析[M].上海:上海外语教育出版社,2002:10-11.

2.4.1 会话结构理论

会话分析学家这样表述：日常会话是一个有序的过程，"两个或两个以上的会话参与者在没有事先安排的情况下，一个接着一个轮番说话；在一般情况下，在同一时间内，一次只有一个人讲话；虽然一个人一次说的话可长可短，不能预知何时结束，但是会话中很少出现重叠和沉默现象。"①

话轮是构成日常会话的基本单位，它是指"会话过程中，说话者在任意时间内连续说出的一番话，其结尾以说话者和听话者的角色互换或各方的沉默为标志。"②在汉语中，话轮可以由单句、复句、句群等语言单位构成。

"为了解释会话参与者们是怎样有秩序地轮流说话，萨克斯等提出了一个会话的话轮交接系统，他们用两个要素和一套规则来描述这个系统。"③一个要素是话轮的构成要素，另一个要素是话轮分配要素；一套规则是话轮交接规则。会话分析学家把会话模式化为一个无限话轮交接的生成机器，这个装置在会话过程中不断起作用，使得会话过程可以井然有序地进行。

技术语境下的电子会话将表现出异于日常会话的会话程序。

2.4.2 会话策略理论

约翰·甘柏兹认为，人们需要使用语言与他人交流和合作。但仅仅会说语法无误的句子，还不能在日常生活中进行有效的交

---

① 刘虹.会话结构分析[M].北京:北京大学出版社,2004:45.
② 刘虹.会话结构分析[M].北京:北京大学出版社,2004:46.
③ 刘虹.会话结构分析[M].北京:北京大学出版社,2004:23.

际。只有当言语行为引起了某种反应，我们才可以说这是一种交际行为。要参与语言交流的活动，要实实在在地进行会话，仅仅具有关于句子的知识是不够用的。人们交往的时候，必须依赖一些共有的背景知识。这些背景知识中必须包括有关交际场合、谈话内容、讲话方式等方面的约定俗成的社会规约。这些知识由讲话人从过去的交际经验中获得。在交谈时，人们一方面需要利用这些知识来理解对方的言语和举止；另一方面也要提供必要的语言信号提示对方启用有关的交际知识，以便其正确地理解自己的意思。会话时对这些交际知识的积极使用就是会话策略。"讲话人能否有效地使对方卷入会话，保持合作，共同建树有关的话题，都决定于他们对有关话语策略的掌握。"①

"对于甘柏兹来说，语言的最实质的部分并不是语法学家所概括出来的语言结构系统，而是讲话人利用有关语言的知识和非语言的知识以互动的方式所进行的交际实践。互动是语言的最重要特性，一切语音、语法规则的价值只存在于具体的交际活动传情达意的实际作用之中。通过使用语言而产生了交际效果，那些实现了的语言形式才是语言事实……甘柏兹特别指出，会话的理解是一个动态的过程，在这个过程中，会话人通过综合所收到的信息不断地形成和修正一些关于对方交际意图的假设，并通过自己的言语和非言语的行动来验证这些假设。因此会话的过程是一个互动的过程。"②

会话策略就是会话人保持会话持续进行并且能够不断增强

---

① 约翰·甘柏兹.会话策略[M].徐大明,周海洋,译.北京:社会科学文献出版社,2001:272.

② 徐大明.约翰·甘柏兹的学术思想[J].语言教学与研究,2002(4):2.

理解的能力。在进行话语分析的时候，甘柏兹提出了一个重要的概念，称之为"语境提示"（contextualization cues），认为语言的表义功能依赖于语境，并且语境也是动态地确定的。所以，"在会话过程当中，不断产生的语境提示是会话人赖以解释会话意图的必要信息。语境提示可以是话语本身……也可以是非话语内容"[①]。

我们有理由相信，技术语境下的会话策略必然呈现出新的面貌。

2.5 本书研究框架

依据上述理论，我们建立以下研究框架：以哲学的技术与社会的互动理论为背景，从功能主义语言学和社会语言学出发，考察技术语境下电子会话的语域和言语社团，从话语分析入手，考察技术语境中人们在言语交际过程中所遵循的规则。第四章将研究电子会话话语在语音、文字、词汇、句子等方面表现出的变异性特征，及互动过程中呈现出的词语移用和话语粘贴等互文性特征。第五章将从静态的角度对技术语境下的电子会话结构进行描述，在对电子会话的基本单位——话轮、话对、话段、话流等进行重新界定与分析的基础上，结合电子会话实例对电子会话的整体结构（开端、结尾）与局部结构（话轮交接系统）进行研究。第六章将从动态的角度对技术语境下的电子会话策略进行阐释，从话轮交接和修辞两个方面，结合电子会

---

① 徐大明.约翰·甘柏兹的学术思想[J].语言教学与研究,2002,(4):3.

话中"自我"创设与成长的过程，对会话参与者在权利义务集①
建立时，标识性会话策略与依附性会话策略的选择进行研究。

表5　理论背景与研究框架

层级 \ 理论背景研究框架	理论背景	具体理论		研究框架
一级理论	哲学层面	技术与社会的互动理论		技术语境下的电子会话分析
二级理论	语言学层面	功能主义语言学	语域理论	电子会话语域下言语社团的话语
		社会语言学	言语社区理论	
三级理论	话语层面	话语分析理论		电子会话的话语表征电子会话的会话结构电子会话的会话策略

---

① 权利义务集是社会学的一个概念，在这里指由于交谈双方的相对关系而产生的相应的权利和义务系统。参见 Carol Myers Scotton：《会话中身份的协调：标记性和代码性选择理论》，《国外语言学》1990年第1期。

第三章　电子会话的语域与言语社团

3.1　电子会话的语域分析

胡壮麟等在《系统功能语言学概论》中指出对语域的研究主要出于以下四个目的：（1）为了探索语言符号系统本身与语境因素之间的制约关系，而且这种制约关系是双向的；（2）为了加强对索绪尔所说的"言语"特征和使用规律进行研究；（3）为了研究语篇连贯；（4）为了告诉人们如何在语言交际过程中做到语言得体。具体地说，如何才能做到在恰当的时间、恰当的地点、以恰当的方式和恰当的交际对象就恰当的话题说恰当的话。他还提出：语域的基本功能是预测语篇结构[①]。技术的介入直接带来了语域的改变，因此，我们根据韩礼德的语域理论，以语境因素的语场、语旨、语式这三个客观变量作为研究的出发点，对电子会话作出基本预测。

此外，卡罗尔·迈尔斯·斯科顿在《会话中身份的协调：标记性和代码选择理论》中提出：交谈是一种相互作用的行为。

---

① 胡壮麟,朱永生,张德禄,等.系统功能语言学概论[M].北京:北京大学出版社,2005:276–284.

"会话的社会目的是协调说话人（S）和受话人（A）之间的一套权利和义务。某一权利和义务集（RO 集:rights-and-obligations sets）来源于 S 和 A 在当时交谈中所共同认识到的那些明显的社会特征。对 RO 集的协调是为了达到下列四种目的之一的过程：

a.在 S 和 A 之间首次建立一个 RO 集。

b.证实先前已经协调过了的 RO 集明显适用于眼前的交谈。

c.重新调整先前协调过了的 RO 集。

d.大幅度改变先前协调过了的 RO 集。"①

"许多日常交谈都是非规约化的交谈。大多数有陌生人参加的会议就属于这类情况。这种交谈常以一种中性代码开始，在 S 和 A 之间初步交换社会信息。在对这些信息进行加工后，S 就作出一种探索性选择以建立一种 RO 集。"②日常交谈时，陌生人之间的会话场景不固定，往往带有很大的随意性，并且语料的搜集也有诸多不便，对于 S 和 A 之间首次建立一个 RO 集的研究有一定难度。而电子会话中，有很多 RO 集的建立也是从陌生人开始，但是网络的特性决定了语料搜集的便利性。社交应用技术为我们研究 RO 集的建立提供了一个平台。

3.1.1　电子会话的语场

3.1.1.1　电子会话的语场特征

网络交际模式下的语场包括网络交流中谈论的话题以及进

---

① SCOTTON C.会话中身份的协调:标注性和代码选择理论[J].国外语言学,1990(1):7.

② SCOTTON C.会话中身份的协调:标注性和代码选择理论[J].国外语言学,1990(1):9.

行这相关话题时的具体活动方式和信息交际模式。电子会话的语场有如下特征：

（1）场景上的空洞化与虚拟化。电子会话的场景是架构在网络技术与虚拟技术基础之上的交流空间，摆脱了无技术介入的日常交际场景的现实性与具体化的特点，有时除了话语之外没有任何可以依托的信息来源。

（2）话题上的非技术性、随意性和不确定性。网络交流模式是以共同兴趣和共同爱好为基础的，不同于无技术介入的现实生活中以地缘关系为基础的交流。网络交流所涉及的话题正是广大网民共同兴趣的集合，生活的集合，它几乎包含了个人生活和社会生活的方方面面和点点滴滴。由于交际场景的虚拟化与会话者的趋同心理，日常会话中的明确的目的性与相对集中的话题在这里被弱化，因此出现了有意参与和无意参与共存，有目的与无目的共生的现象，在话题的选择上也相对轻松、随意。

（3）会话行为上的开放性、无中心和用户驱动性。所谓开放，即互联网允许任何局域网和计算机的加入，电子会话完全不受地域、身份等因素的制约。所谓无中心，是指互联网采用网络整体传播方式而非中心辐射式线路传播，电子会话中主体的中心地位被消解。"所谓用户驱动，是指互联网关键在于用户的共同建构"①，电子会话成为多人共同参与的一项活动，一改日常会话中心明确、相对封闭的特点。

（4）传播模式上的异地延时同步性。由于网络繁忙，传输受阻，电脑运行速度的差异，操作电脑的熟练程度不同，交际

---

① 段伟文.网络空间的伦理反思[M].南京:江苏人民出版社,2002:8.

一方同时和多人会话等因素，在网络交流中往往会出现信息沟（information gap），从而导致信息文本的传播具有延时的同步性，虽然信息的发出和接收双方或多方可以在同一时间通过网络达成交往，但其本质不是同步，而是滞后。而无技术介入的日常会话的传播方式是同地同时同步的。

（5）信息传播规模上的不确定性。电子会话从日常会话中的个人对个人的互动，发展到了个人对个人、个人对少数人、个人对多人的同步传播。

3.1.1.2　电子会话预测

（1）场景的虚拟化与话题的非技术性特征将使得电子会话程式化较弱，会话整体结构会变得比较松散、自由，话轮的交接也将变得较为随意。

（2）会话行为的无中心特征将会使电子会话由日常会话中心辐射状结构转变为网状结构，会话的完整性也将相对较差，会话可以随时开始，也可以随时中断。

（3）会话的传播模式将使电子会话在时间的向度上展开，日常会话之中的重叠现象将会消失；信息沟的存在有时也会使电子会话出现延误，导致会话的不连贯甚至中断，要避免这种情况就需要持续发话或者通过缩短话轮、分割话轮的方式保持话轮的正常交接。

（4）信息传播规模的不确定特征，将使日常会话原有的二元结构变为多元结构，会话结构的基本单位将出现变异，例如：原有判断话轮的意义标准将被形式标准取代；对话将不再一一对应，会经常出现有问无答的情况；话题的推进将不仅仅呈线性展开，可能会出现多话题平行推进的状况；话段的分界将变得模糊，具有了跳跃性特点；日常会话中不被人注意的会话流[①]将突显出来。

3.1.2　电子会话的语旨

3.1.2.1　电子会话的语旨特征

网络交际模式下的语旨包括网络成员间的权力和平等关系，相互接触和情感因素。电子会话语旨有如下特征：

（1）会话双方关系熟悉化与陌生化共存。由于交际参与者（participants in communication）通过远程登录进行会话，会话者的相遇具有一定的偶然性的特点，因此电子会话可能发生在熟人之间，也有可能发生在陌生人之间。但是，即使交际发生在陌生人之间，会话者之间却没有日常会话中的生疏感，表现得较日常会话更为亲密、热情。

（2）会话主体公开性与隐蔽性共存。电子会话中，现实中人的性别、年龄、教育程度等都可能被隐藏起来，现实的人成了无标识的网络主体，所以在这样的前提下每个会话主体都具有平等性，或者可以说，网络技术的发展为每个会话主体提供了一个交流发言的平台，谈话者同时兼有发话人和受话人的角色，因此每一个交际参与者都享有平等的发言权。每一个发言人不再需要足够的思想和文采，不再受各种现实交流中的约束而限制或缩小了其话语权。

（3）会话者在语言社团中身份上稳定性和流动性共存。电子会话过程中，谈话者可以与一个人交谈，也可以同时是多个交谈组群的成员，改变了日常会话中身份单一、固定的特征。

---

①关于"会话流"，请参阅本书的5.1.2节。

（4）会话者在实际生活中文化程度不高。虽然交际者的社会特征、身份特征在电子会话这一虚拟场景中可以被隐蔽，但是就会话过程而言，他们或多或少会受到现实世界的影响。中国互联网信息中心 2016 年 4 月发布的《2015 年中国社交应用用户行为研究报告》中显示：社交用户中，具备中等教育程度的群体规模最大，初中、高中/中专/技校学历的社交网民占比分别为 35.8% 与 31.3%，大学本科及以上学历网民占 12.4%。如图：

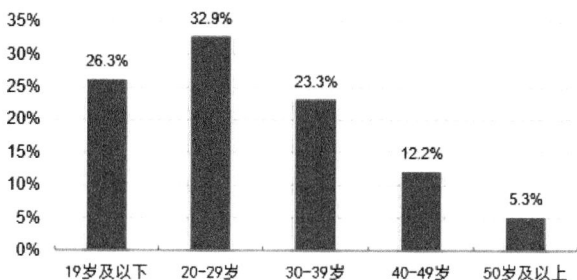

图6　中国社交网民年龄结构

来源：CNNIC2015 年中国社交应用用户行为研究报告

3.1.2.2　电子会话预测

（1）由于交际双方可能是陌生人，因此发话人和受话人之间将是初次建立一个权利义务集。

（2）会话主体的隐蔽性，将使会话方式发生改变，突破常规，在话语形式的选择上将表现出随意多变的特点；虽然交际双方互不认识，但是身份的无标识性也将使这种陌生人之间的会话更容易开始，会话的开头与结尾的方式将不再拘泥于日常会话的程式化的模式；并且现实交际中的合作原则、礼貌原则将会有所削弱。由于谈话者同时兼有发话人和受话人的角色，所以话轮的交接规则也会发生变化，将变得更为自由。

（3）会话者在身份上的流动性、多重性特征，将使会话的完整性受到影响，有时还会出现身份的错乱以致会话发生交叉现象。由于一个会话者要兼顾多个谈话组群，这就对交谈的速度提出了要求，所以在话语的表达方式上将出现简化的趋向，话轮一般都会变得比较短小。

（4）交际参与者的文化程度不高的特性，将使会话文本表现出相对简单平白的特点。

3.1.3　电子会话的语式

3.1.3.1　电子会话的语式特征

网络交际模式下的语式和现实交际模式有很大的区别，主要体现在渠道和媒介的特殊性。电子会话语式有如下特征：

（1）交际媒介上以网络为载体。电子会话的信息传达主要通过网络技术与手机、电脑的键盘和屏幕的配合使用来完成。

（2）交际文本是带有口语性质的书面化信息。语言的物质形态也就是语言所凭借的媒介形式，从这个角度，人们将语言分为口语和书面语两类：前者以声音为媒介，把时间作为结构的原则，作用于人的听觉；后者则以"某种物体"为媒介，以空间作为结构原则，作用于人们的视觉。电子会话是将记录自然语言的文字输入电脑或手机，通过数字化处理，又以文字形式映现在屏幕上的。网络会话不是说出来的，也不是写出来的，而是按照规定好的程序"敲"出来的。它是视觉的，但又不同于传统的阅读。

（3）文字图片成为电子会话的主要信道。日常会话中"用于语言交际（与手势语的使用形成对比）的唯一的语言信道，是由人的生物特征给定的：即语音（speed sound），或由肺部呼出的气流和人类语言使用者的发音器官共同形成的空气振动……而且，这些声音总是在交际的非语言信道（non-verbal channels）背景下产生的：即手势（手势语的基本要素）、注视等等"①。但是，网络媒介的出现导致非语言信道的缺失，时空无阻碍，所有的信息都可以表现为具体的文字或图像。

（4）话语成为唯一的交际手段。由于信息的传达只通过键盘的输入与屏幕的显示配合完成，所以日常会话中的态势语在以网络为唯一纽带的电子会话中消失。

3.1.3.2　电子会话预测

（1）交际媒介的改变将使会话的整体结构与局部结构发生根本性变化。

（2）交际文本的书面化性质，一方面将使话轮的索取和放弃可以自主掌握，另一方面也会使日常会话中话轮被打断的现象消失；交际文本的口语化性质，将使会话在词语的选择与组合以及句式的选择上接近口语而迥异于书面语。

（3）语音信道的消失，将使会话的可视性加强，使构成话轮的言语形式变得更为复杂，突破日常会话中的常规模式；文字图片将成为电子会话的主要信道，并且话轮与转换关联位置（TRP:transition relevance place）的判断将变得非常简单。

（4）会话中态势语等副语言的消失，将使话轮的分配方式

---

① 耶夫·维索尔伦.语用学诠释[M].钱冠连,霍永寿,译.北京:清华大学出版社,2003:119.

变得单一，在场的任何一个人都可以主动自选获得发言权索取话轮，而无须发出任何信号。

3.1.4 小 结

综上所述，我们认为：技术的介入直接带来了语域的改变，这种变化直接表现在语境因素的语场、语旨、语式这三个客观变量上，同时，语域的变化会造成特定的话语表征、会话结构以及会话策略。我们通过对语场、语旨、语式的分项比较分析，发现了有技术介入的电子会话与无技术介入的日常会话的迥异的语域特征，并且根据这些特征对电子会话作出预测，小结如下表：

表6　电子会话的语域分析

语域分析	分析项目	电子会话	日常会话	会话预测
语场特征	场景	空洞化虚拟化	具体化地缘性	会话程式化将变弱 会话整体结构会变得松散自由 话轮的交接将较为随意
	话题	非技术性随意性不确定性	非技术性与技术性均有明确集中	
	会话行为	开放性无中心用户驱动	相对封闭有中心	会话将呈网状结构 会话的完整性将相对较差 可随时开始，也可随时中断
	传播模式	异地延时同步性	同地同时同步性	重叠现象将消失 会话将出现不连贯或中断现象

续表：

语域分析	分析项目		电子会话	日常会话	会话预测
	传播规模		个人对个人 个人对少数人 个人对多人	个人对个人	会话将呈多元结构 会话的基本单位(话轮、话对、话段、话流)将出现变异
语旨特征	交际双方		陌生人之间 陌生但亲密	陌生人之间 陌生且疏远	陌生人之间将初次建立 一个权利义务集
	会话主体		隐蔽性与 公开性并存 平等性	明确性 有标识性 平等性欠缺	话语形式的选择上将随意多变 会话的程式化模式将被打破 合作原则、礼貌原则将有所削弱 话轮的交接将更为自由
	身份特征	言语社团	稳定性与 流动性并存	单一性 固定性	会话将发生交叉现象 表达方式将简化 话轮将变得较短小
		实际生活	文化程度不高	复杂	会话文本将相对简单平白
语式特征	交际媒介		网络	无	整体与局部结构都将发生变化
	交际文本		口语性质的 书面化信息	口语	话轮的索取和放弃将自主掌握 话轮被打断的现象将会消失
	语言信道		文字图片	语音	会话的可视性会加强 话轮的构成要素将更为复杂 话轮与TRP的判断将非常简单
	交际手段		话语是唯一 的交际手段	话语 态势语等	话轮的分配方式将变得单一 索取话轮将无须发出任何信号

3.2 电子会话的言语社团

3.2.1 电子会话言语社团的构成

人的自我构元有两种：独立自我构元与互依自我构元。"在个体主义文化里，独立自我构元占主导地位；在集体主义文化里，互依自我构元则占主导地位。"[①]电子会话言语社团的成员有两个特点：一是平民化，会话人多来自草根阶层，与现实社会相比，判断问题比较主观、公正，带有更少的预设立场和偏见；二是普泛化，会话人强调"自我的声音"，与现实社会相比，交际过程中更注重张扬自我，铸就个体价值。

电子会话言语社团的成员之间想保持合作，共同建树有关的话题，一方面要发出"自我的声音"，另一方面也要倾听"他人的声音"。哈贝马斯也强调交际行为是一种"自我"和"他人"主体间的互动行为。想要发出"自我的声音"，会话主体要善于表达自己和直截了当地对话，在交际过程中追求独特性，努力达成自己的目标，因此他们把个人的尊严与威望建立在善于表达自己与外化内在特性的能力上。想要倾听"他人的声音"，会话主体要善于洞察他人的心思并委婉地说话，在交际过程中把自己融入群体中、行为得体、促进群体目标达成，因此他们把个人的尊严与威望建立在适应他人的能力以及在社会场合中维持和谐的能力上。

---

① 胡超.跨文化交际:E时代的范化与能力建构[M].北京:中国社会科学出版社，2005:49.

在"自我"与"他人"共同完成的电子会话中，言语社团由三类人构成：一是发话人；二是受话人；三是潜伏者。

发话人或受话人既可以发出"自我的声音"，也可以倾听"他人的声音"。而在这两类人之间还存在着"沉默"的"潜伏者"，俗称"围观者"或者"吃瓜群众"。在电子会话言语社团中，"潜伏者"可以一直保持沉默，也可以随时转化为发话人或受话人，发话人或受话人也可以随时转化为"潜伏者"。与日常会话言语社团不同的是，"潜伏者"退出电子会话后依然在场，他可以不说话，却可以驻足观望。

3.2.2 电子会话的潜伏者

利奥塔在《后现代状态：关于知识状况的报告》中说，在一个"可观察的社会关系是由语言的'招数'构成的"社会里，"说话就是斗争（意思是参加游戏），语言行为属于一种普遍的竞技"。电子会话的语言社团内部享有平等的话语权，但是在各种话语权力竞相角逐的过程中却出现了一类特殊的群体——潜伏者，这些潜伏者无意于话语权的争夺，似乎成了会话过程中的弱势群体。这些潜伏者是不是在电子会话考虑的范围中呢？下面我们将对电子会话言语社团内的这一群体作一些试探性的分析。

3.2.2.1 潜伏者的存在方式

我们通过对电子会话群组的长期跟踪调查，发现：

（1）在同一时间段内，同一个会话群组中，就一个话题会话时群组内人数、发言人数、互动人数（发言人数既包括只说话却没有形成话轮交替的人数，也包括形成话轮交替的人数；

互动人数指的是可以形成话轮交替的人数。）最终会呈递减状态，并归于沉寂，全体潜伏。

（2）大部分群组都有不参与任何会话，却可以长期潜伏在群组内的人。

（3）大部分群组都出现过一人发言，其他人集体潜伏的情况。

（4）每个群组都出现过全体潜伏的情况。

（5）潜伏者的数量与群组内人数密切相关，且两者成正比。

电子会话言语社团成员状态如图7所示：

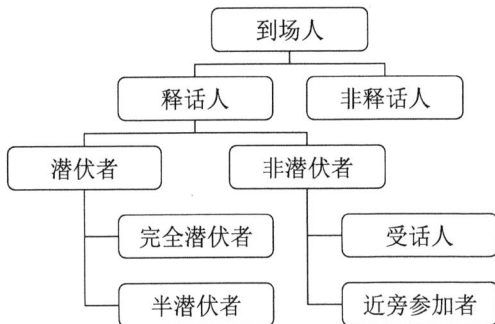

图7 电子会话言语社团成员状态

（1）在电子会话中，任何一个人都可以扮演多种不同的角色。首先，我们不应该忘记这些角色是所谓到场人中的一个次类。到场人指所有"出席"或处于一个语言事件附近的人。换句话说，这些人所处的位置使他们能够加入言语事件中来。这一点不仅仅对日常会话与电子会话有解释作用，任何一个"处于""听力"所及范围之内的人，都有可能"参与会话"。同样，任何一个在书店或图书馆中走动的人都是"到场人"，而且任何时候他都可以随手抓起一本书读起来，从而"参与"阅读。从"到场"变成"参与"的那一刻起，无论听或读，他们就成为释话人。

（2）由于网络这一特殊媒介，有的人虽长期同时存在多个电子会话群组内，却由于经常不在线或流动于多个会话群组，不关注群组消息或无任何交际目的，这样的人便是非释话人。但这不是说只有释话人才对交际起作用。由于发话人知道这些人即使实际看不见，也在附近某个地方，可以随时参与，因而发话人就可以从根本上调整其话语，以适应这种可能性。因此，到场人即使是非释话人也能发挥作用。

（3）到场人一旦成了释话人，就可以扮演各种各样的角色。如下图所示，让我们对一个互动语境作简要描述。

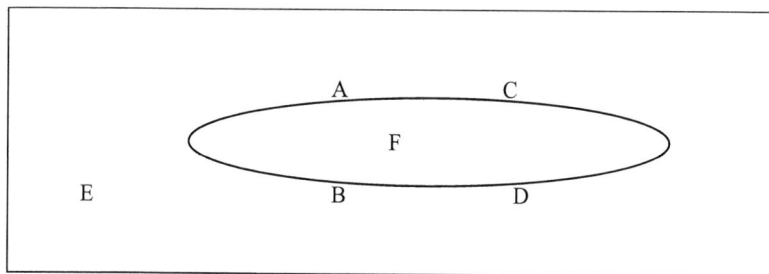

图8　电子会话的互动语境

该场景中会话者在讨论脑筋急转弯的问题。A和B在专心讨论脑筋急转弯问题1；C和D在讨论脑筋急转弯问题2，其中C同时关注A与B的讨论，并参与其中，D同时关注A与B的谈话，但不发表任何见解；E同时关注A与B，C与D的谈话，而不发表任何言谈；F关注A与B的谈话，一段时间后参与其中。如此这般的一个会话群中，A与B，C与D均是对方直接发话人或受话人；C相对于A、B来说则是近旁参加者，而D相对于A、B来说则是潜伏者；E、F均是潜伏者，他们以两种方式存在着：

（1）完全潜伏，如E，全程关注他人会话而不发言。

（2）半潜伏，如F，通过一段时间的观察进而参与其中。

那么，如果D一直关注A、B但始终不发言，那D相对于A、B来说则是完全潜伏者；如果D关注A、B一段时间后发言，那D相对于A、B来说则是半潜伏者。因此，在电子会话中，潜伏只是一个相对的概念。

3.2.2.2 潜伏者的存在条件

电子会话中，潜伏者之所以可以长期潜伏，原因有二：一是特殊的网络媒介；二是趋同的认知心理。

（1）特殊的网络媒介使会话潜伏者的存在成为可能。

国际互联网作为一种新的传播媒介和交流手段，其影响力已经远远超过传统的大众传播媒体，堪称"第四媒介"。于根元教授在《网络语言概说》一书中列举了网络媒体的十大特点：数字化、网络化、多元化、全球化、小众化、多媒体化、实时性、交互性、广容性、易检性。正是由于媒介的介入改变了日常会话的性质，使会话在特定的语境中进行，建立起新的语言信道，并成为电子会话的根基。

前面，我们已经提到技术语境下的电子会话的主要语言信道是文字和图片。因此，电子会话中，每个人的言谈、见解都是公开的（除私聊），每个人的言论信息都会呈现于屏幕之上，具体的交际内容人人可见，这就为潜伏者的诞生提供了土壤，一些不善或不愿言谈者便可以长期寄居于会话群组中，无须实际的交际行为，就可以达到一定的交际目的。

（2）趋同的认知心理使会话潜伏者得以存在。

语言交际是一种认知活动，"它是在交际者共处的认知环境中进行的，这个环境不仅包括交际双方在某时、某地，关于某事、某人的了解，而且还包括三种信息：词语信息、关于世界的百科信息和逻辑信息。""严格来讲，不同的经历使每个人具有不同的认知信息、知识、信念，具有不同的观察事物的角度……但人们居住和工作的环境、社会文化、认知能力（感知能力和推理能力）具有共性，使人类具有趋同的经验和认知假设，具有趋同的推理能力。""人类交际的语境也是人类认识世界的共同的认知环境……正是在此基础上，人与人之间，不同的语言和社会集团之间才能进行交流，正因为人类具有趋同的认知语境和心理，语言交际才能进行。"①虽然网络媒介改变了日常会话的语境，但处于某一群组中的会话者，所处的认知语境是相似的。这个相似的认知语境是会话双方共同的认知前提，根据关联理论，理解成功取决于会话双方的互明和最佳关联。电子会话过程就是一种新的认知语境的参与过程，其中涉及语境假设的选择与延伸、调整与顺应等。

每一个参与电子会话的人必然怀着某种交际目的而来，当进入会话群组之后，面对令人眼花缭乱、纷繁芜杂甚至错误百出、粗俗不堪的各类聊天信息，离开还是留下便因各人的心理容忍度与认知图式而异。如果个人的心理忍耐性、容错性强，

---

① 赵艳芳.认知语言学概论[M].上海：上海外语教育出版社,2001:177-178.

对他人具有深刻的认同感，那么潜伏者进入会话群组的大门便打开了。而根据观察，人数越多的会话群组，信息量越多越繁杂越不便于交流，乐意停留的人也越多；相反的倒是人数越少的会话群组，信息量越少越明晰越便于交流，乐意停留的人越少。这充分说明参与电子会话的人具有明显的趋众心理，同时也说明他们容忍度之强。当潜伏者决定留在某一会话群组的那一刻起，趋同的认知心理便把环境因素纳入机体已有的图式或结构之中，加强和丰富主体的行为，使之被电子会话的语境所同化，从而改变主体的行为以适应客观的变化，进而达到一种平衡状态。当经历这一心理过程之后，潜伏者便可在电子会话群组中得以生存，或是被激活从而进入他人的会话之中，或是继续潜伏从而达到心理的满足，以完成交际目的。网络潜伏者的心理认知过程如图9所示：

3.2.2.3 潜伏者的激活

虽然在电子会话中存在着潜伏者与非潜伏者之分，但这种状态并非是一成不变的，二者之间常常发生位移，也就是说：潜伏者会激活为非潜伏者，而非潜伏者也会因种种原因归于潜伏。非潜伏者归于潜伏类似于日常口语交

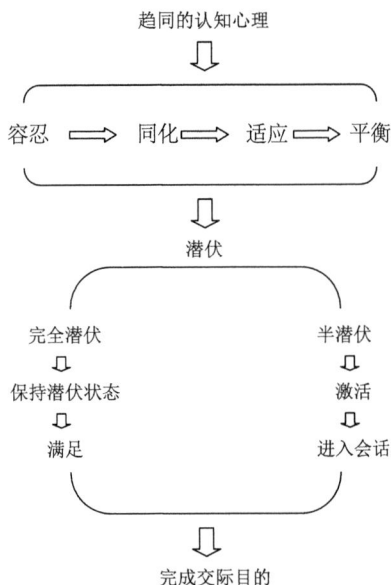

图9 电子会话潜伏者的心理认知过程

际中的沉默现象，多因谈论话题已没有更多的话可说或对所说话题不感兴趣而引起，在此不再赘述。潜伏者的激活情况分为两种：自动激活与被迫激活。

（1）潜伏者的自动激活。

自动激活指认知模式经部分相关信息的刺激而引起的模式内部的连锁反应，刺激信号可以来自外部，也可以来自内部，例如对方的言行可以导致自己内部的反应，自己脑海中闪现的一个词也会引起内部一连串的联想。自动激活的基础是认知模式的成熟过程。经过反复使用和长期的顺应与同化过程而形成的认知模式比较成熟，因而具有很强的自动性，容易激活。在电子会话潜伏者中，部分潜伏者直接位移为发话人。自动激活的潜伏者往往经历两个环节：一是突显选择；二是移情。

认知语言学认为语言是人的智能活动之一，是人类认知的一个组成部分。认知是语言的基础，语言是认知的窗口。语言能促进认知的发展，是巩固和记载认知成果的工具。因此，语言必然带有"自我"表现的印记，也就是说，"说话人在话语中多少总带有'自我'表现的成分，说话人在说出一段话的同时表明自己对这段话的立场、态度和感情，从而在话语中留下自我的印记"①。因此，在电子会话中，潜伏者先是综合多种背景信息进行推理，选择相关信息，根据说话人突显的自我印记进行筛选并做出判断。当说话人突显的"自我印记"与潜伏者的寻求目标一致时，"移情"便开始发挥作用。移情又称移情体验，指"设身处地"的行为，即超越自我，对别人的思想感情产生共鸣，它是人类社会得以和谐共处的主要因素。语言是移

①沈家煊.语言的"主观性"和"主观化"[J].外语教学与研究,2001,(4):268.

情体验的主要手段，而非语言交际也能促进移情过程。Hogan对移情提出两个要素：第一，个人感觉的自我认识；第二，与别人的认同，即通常所说的"知己"与"知彼"。在会话过程中，双方能不能马上获取对方的反馈信息，只有通过明显的移情直觉方可去判断双方的心态及知识结构，否则便不能交流思想。"交换语言就是分享经验和体会。如果我们能够进入他人的精神与肉体的世界，分享他们的思想、感情和理想，就会体会他们的愤慨并同他们一起陷入到处碰壁的困境，然后又和他们一起逃出困难取得自由。"①正是移情的作用使潜伏者自动激活并进入会话状态。

（2）潜伏者的被迫激活。

在电子会话潜伏者中，部分潜伏者一般情况下都会保持沉默，他们往往都是通过被迫激活而进入会话状态的，但由于这类人基本上都处于消极状态，因此，即使被迫激活，一段时间之后，大部分人较之主动激活的潜伏者更容易再次进入潜伏状态。电子会话潜伏者被迫激活的最主要的方式就是由潜伏者位移为受话人。由于电子会话群组特有的开放性特征，每个电子会话群组都设置了到场人的姓名列表，因此即使潜伏者不发言，他（她）也是到场人。这就为这些保持沉默的人"被激活"提供了条件。发话人可以直接点击潜伏者的名单，让其直接位移为受话人。例如：

例1：

A对B说：你？

A对B说：你是？

---

① BOLINGER D.语言要略[M].北京:外语教学与研究出版社,1993:865.

C对B说：废弛？

A对B说：怎么老说什么什么捣乱的啊

D对B说：嘿

A对B说：说话啊

D对B说：你真够沉默的　怎么大哥我跟你说话都不理会～

E：大家好

C对B说：为什么不叫吃肥啊

A对B说：这样说很累啊

D对B说：哑巴么　欠匾（扁）？

C对B说：哎

C对B说：到（倒）好的人啊

C对B说：可惜是个哑巴啊

C对B说：哎

C对B说：可怜啊

D对B说：弟弟　张开眼看看　你哥哥跟你说话呢！！

A对B说：你怎么不说话啊？

C对B说：等我去妇联申请资金帮你啊

D对B说：哎　妇联倒霉了

C对B说：要收中性人了啊

D对C说：呵呵　成了收养所了

C对D说：哈哈

C：还没死的给我叫声听听

D：有没有人很能吡！！！！！！！

D：有没有人很能吡！！！！！！！？

D：都是哑巴么？垃圾！

C：……

F：大家哈派（好）

A：为什么没人说话啊

D：你们都死了么　为（什）么都不回你们的飞影大哥的话！！！！

A对G说：你还在吗？

C：就是啊

C：我师兄八月说话啦

D：切　都是些小孩~没有见识！

D对F说：小子　你在么（吗）？

F对D说：玩

D对F说：么意思　说清楚点！

B：白痴

A对B说：你在啊

F对D说：就是在玩啊

B对A说：在

在上面的例子中，有两名潜伏者，分别是：B与G。我们可以看出众人将矛头对准潜伏者B，B一直在场却不发一言，但最终逼于无奈不得不反击，从而被迫激活进入会话，由完全潜伏者变为半潜伏者，由潜伏者位移为受话人从而变为发话人，但根据后续观察发现，5分钟后，B再次进入潜伏状态，真是"千呼万唤始出来，犹抱琵琶半遮面"。而另一名潜伏者G却一直保持完全潜伏状态。

技术语境下的电子会话群组给人们提供了一个特殊的交际

情景，在这个单一的虚拟情景中，言语社团的成员被赋予了同等的社会地位，同样的角色关系，进行着异地而共时、内容随意、行为不专的交流。哲学家维特根斯坦认为，语言是一种游戏，语言使用者只有共同遵守约定俗成的规则系统，方能玩好这种游戏。同样，在日常会话中遵守合作原则是普遍现象，但在游戏规则有所变动的电子会话中，在潜伏者身上，合作原则失去了它生存的基本土壤。从潜伏者身上，我们可以发现：语言交际活动可以分成同时存在的两个方面：信息交际和超信息交际。信息交际属于信息传递，而超信息交际可以算作交际双方的心灵交流。交际活动的这两部分既可以分别单独存在于语言交际活动的始终，也可以共存于人类的语言交际活动的始终。作为非语言交际手段，潜伏并不意味着话语的休止，它伴随着话语而存在，是相对于话语的另一种表达思想的方式，它构成了人们对世界认识的一部分，又渗透于他们对世界的认识中。语言形式的缺省并未阻碍信息意向乃至交际意向的传输。潜伏者以其特有的方式实现了单向交际的价值。潜伏者虽然是电子会话言语社团中的特有现象，但他（他们）/她（她们）的存在却被言语社团所认可，而且他（他们）/她（她们）的存在还会对言语社团其他成员的会话方式和会话内容产生深刻的影响。

3.2.3　小　结

　　甘柏兹曾在《会话策略》中提道："同一个语言社团的成员的最主要标志不是行为上的一致性，而是在语言方面的思想上和态度上的一致性。"①电子会话语域下新的言语社团的形成也必然建立在该语域下所有会话参与者对新的语域的认识，以及对新的会话方式充分理解与产生共识的基础之上。而这个产生共识的过程，就是该言语社团的成员关于会话模式协商的过程。并且，在社团内部的协商过程中形成了言语社区的潜规则，这些规则是会话者在技术语境下经过内部协商而默默遵循的规则。这些规则制约了会话结构的整体模式，同时也成为电子会话中行之有效的言语规范与话语策略。因此，我们说：电子会话的话语表征、会话结构、会话策略是电子会话语域下的言语社团内部协商的结果。

---

① 约翰·甘柏兹.会话策略[M].徐大明,周海洋,译.北京:社会科学文献出版社,2001:27.

第四章　电子会话的话语表征

特定的语域，特定的言语社团，这种特殊性首先表现在电子会话的话语形式层面。电子会话者在交流互动的过程中，对话语理解与否直接影响到交际的成功与失败。因此，对电子会话话语表征的探讨将为我们进一步了解电子会话的内部深层结构奠定基础。我们所讨论的电子会话由汉语作为语言形式，它不是一个独立的语言系统，不具备独立的语音、词汇、语法系统，它是隶属于汉语的社团语言。它与共同语相比，并没有太大的差别，只是某些子系统的个别单位在技术语境下发生了改变，我们以两段电子会话语篇为例：

例2：

"7456！大虾、菜鸟一块到偶（我）的烘焙鸡上乱灌水，这些水桶真是BT！哥儿们用不着PMP，到底谁是好汉，光棍节过招。94酱紫，待会儿再打铁。呵呵！886！"

例3：

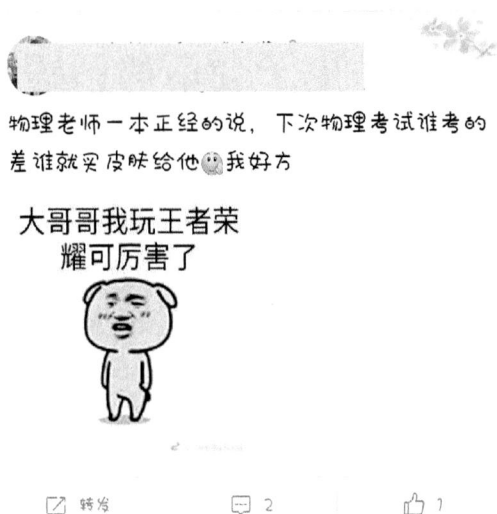

物理老师一本正经的说，下次物理考试谁考的
差谁就实皮肤给他😊我好方

大哥哥我玩王者荣
耀可厉害了

转发　　　💬 2　　　👍 7

来源：新浪微博

例2是2000年网络语言诞生之初BBS经典会话语段，例3
是2017年一个草根微博博主的会话语段。我们发现：随着时间
的推移，电子会话的话语依然保持着自己的独特性，并且在泛
化的过程中形式不断地变化、不断地丰富。上面这两段电子会
话语篇有别于日常会话，网络交际中要使会话双方相互理解，
顺利完成会话，必须首先对电子会话的话语表层有一定了解。
下面我们将重点从话语的变异（variety）性和粘贴性两个方面
展开讨论。

4.1 电子会话话语的变异性

社会语言学家认为，人们在日常交际中的话语变异现象是富有意义的，这种变异的持续发展最终导致了语言的变化。有学者认为，所谓话语变异，指的是特定语境下，某一社会群体在交际过程中所表现出来的口语语言特征。对话语变异的研究，就是为了找出语言使用的模式，反映某一群体在特定语境下的讲话特征。

技术的介入，带来了电子会话表达方式的单一性，同时也带来表现形式的丰富性。表达方式的单一性是因为话语成为唯一的交际手段；表现形式的丰富性是因为数字、字母、动画、贴图、动作命令、各种符号大量涌现，弥补了态势语消失带来的缺陷。在具体的电子会话过程中，语音、词汇、语法等语言要素和书写形式都不同程度地发生了变异。

4.1.1 语音的变异

虽然技术的介入使电子会话的语音信道弱化了，但是不代表在电子会话中没有语音形式的存在，它可以通过其他方式加以表现。

4.1.1.1 停顿和重音

日常会话中的停顿在电子会话中主要表现为标点符号的运用、空格的使用和对话轮的分割。

例4：

A：喂喂喂喂喂喂　怎么没人接🖤

B：接了

B：炸死了

例5：

A：人好少啊`!!!!!!!!!!!!!!!!

B对C说：然后再娶个韩国老婆.哈.爱自己的故土，那是当然.

C对B说：你要娶^……

C对B说：韩国…

C对B说：我没听错吧

例4中共三个话轮，第一个话轮连用了六个"喂"表示重音，第二、第三个话轮原本是一个话轮，在这里被分割开表示停顿；例5中共五个话轮，第一个话轮用了一长串感叹号表示重音，以引起别人注意，第三、第四个话轮原本是一个话轮，在这里被分割开并且加上省略号，既有表示停顿之意，也有表示重音之意。

4.1.1.2　语　调

电子会话中通过符号的变异，语气词的大量使用，动画、贴图以及动作命令的辅助使用来呈现不同的语调。

例6：

A：切🖤

例7：

A对B说：恩（嗯）~~~~~~~也不是啊

B对C说：哦……

例6中使用了贴图放在"切"之后表示生气不满的语调；例7的两个话轮中用加强式的标点和语气词"恩"（应为"嗯"）"啊""哦"来表现语调。

4.1.1.3　谐　音

谐音是电子会话语音特征最主要的体现方式，谐音是音同、音近现象。电子会话中的谐音方式主要有：汉语谐音、英语谐音、数字谐音、方言谐音等。

（1）汉语谐音。

大部分参与电子会话的交际者使用的都是拼音输入法，而汉语中相同的拼音有着不同的汉字，键盘输入不如日常会话语言快捷，这就要求交流中用字简洁，输入也要便捷。为了节省时间，有的会话者不再选择正确汉字，而是以屏幕上首先显示出的汉字为标准直接敲打上去。这种利用汉字的同音或者近音替换，约定俗成新的话语形式就是汉语谐音。例如：斑竹/版竹（版主）、幽香（邮箱）、菌男（俊男）、霉女（美女）、水饺（睡觉）、油墨（幽默）等。

例8：

A：不早了，水饺，回聊！

B：88

例8中的"水饺"就是"睡觉"的汉语谐音。

（2）英语谐音。

任何语言在使用交流中都会吸收一些外来词汇，汉语也不例外。英语作为全球第一大通用语言，为越来越多的中国人所通晓，人们在会话时会有意无意地选取英语词汇的语音或语音的一部分，并找一个发音相似的汉字来替代。例如：晒(share)、秀(show)、谷歌(Google)、粉丝(fans)、控(complex)、猫(modem)、伊妹儿(e－mail)等。

例9：

A：晒晒儿子🐼🐼（附4张照片）
B：被圈粉啦！

例9中A在朋友圈发了儿子的四张照片给大家看，B表示自己的喜爱之情。其中"晒"和"粉"分别是"share"和"fan"的英语谐音。

（3）方言谐音。

许多方言音在字典词典里没有对应的汉字，人们在电子会话时，为了表达这个声音效果而借用了发音相似的汉字。这类方言词汇让人感到或亲切、或新颖、或幽默，从而广泛流传。例如：偶（我）、淫才（人才）、童鞋（同学）、蓝后（然后）、赶脚（感觉）、灰常（非常）、帅锅（帅哥）、女汉纸（女汉子）、肿么了（怎么了）、菇凉（姑娘）、稀饭（喜欢）、有木有（有没有）、口年（可怜）等。

例10：

A：帅锅（帅哥），偶（我）明天不能去你们学校了

B：肿么（怎么）了

A：赶报告，不好意思哦~~~~~

B：淫才（人才）啊，木有（没有）关系

B：口年（可怜）的菇凉（姑娘）

例10中会话双方都使用了一连串的方言谐音。虽然这些通过方言谐音产生的话语来自各个方言区，但在电子会话中，却可以各地方言混用。其中，"我"说成"偶"是陕西方言特色，"人才"说出"淫才"是东北方言特色，"姑娘"说成"菇凉"是湖南、四川等地的方言特色。

（4）数字谐音。

数字谐音就是利用和汉语发音谐音的阿拉伯数字串起来表示词语甚至句子。有些数字组合形成的话语形式在电子会话中被反复传播，形成了相对固定的含义，这类数字谐音或因简洁方便或因委婉含蓄而深受网民偏爱。例如：520（我爱你）、9494（就是就是）、1314（一生一世）、886（拜拜喽）、7456（气死我了）、8147（不要生气）等。

例11：

A：我们永远在一起，1314

B：me 2

A：我要下了哦　886

B：好，520

例 11 的会话中每一处都使用了数字谐音。数字谐音使用方便、易于理解和记忆并广泛传播，其中"886"就是最典型的例子，电子会话中它几乎取代了传统的告别语。而例 11 中的"me 2"则比较特殊，这句话是"我也是"的意思，其中数字"2"首先和英语"two"形成对应关系，然后"two"又和"too"谐音，因此"2"就是"too"的意思，表示"也"。

4.1.1.4 叠 音

电子会话语音变异的另一种形式是叠音。会话者尤其是女性会话者喜欢模仿牙牙学语的儿童使用童言童语，形成叠音变异。叠音的使用可以凸显女性特有的生活情趣和可爱的形象，反映了人们对天真无邪的童年生活的眷恋之情，增强了音乐感、形象性，使无声的电子会话显得亲昵、俏皮。例如：东东（东西）、包包（钱包、钥匙包、拎包、背包等)、漂漂（漂亮）、觉觉（睡觉）、饭饭（吃饭）、么么哒（亲吻、卖萌）等。

例 12：

A：本周桃花还不给力，约个下周一起赏花哈😊

B：好哒   么么哒

A：么么哒~

例 12 中，会话双方都使用叠音的方式表达内心的喜悦以及与对方的友好之情。

4.1.1.5 连 读

把两个或几个汉字的拼音合并连读，也是电子会话语音变异的一种表现形式，这主要是受到台湾腔的影响，目前广泛流行于各大社区、论坛、聊天工具，甚至主流媒体。例如：酱紫（这样子，"这"的声母"zh"和"样"的韵母"iang"拼合连读）、表（不要，"不"的声母"b"和"表"的韵母"iao"拼合连读）、宣（喜欢，"喜"的声母"x"和"欢"的韵母"uan"拼合连读）等。

例13：

A：今天的作业真多，我家才把数学写完
B：我刚从单位回来，孩子还在家玩呢
C：你们天天在家，老板造吗？

例13中，"造"的意思就是"知道"，是"知"的声母"zh"和"道"的韵母"ao"拼合连读而成，在拼合连读的过程中舌尖后音"zh"又读成了舌尖前音"z"。

4.1.2　书写形式的变异

4.1.2.1　变　形

为了在会话中达到良好的视觉效果，有的社交应用设置了改变字体、大小和颜色的功能，在大多数人雷同或类似的表达中，出现这些变形的语言符号，往往可以马上引起众人的注意。

例14：

☆爆米花儿☆：来聊啊，随时奉陪🏆（注：此处每个汉字颜色不同）

例 14 中，会话者变换了字体的颜色，每个字的颜色都不相同，在多元会话中彰显了自己的独特性，成功引起了其他会话者的注意。

4.1.2.2 排　列

日常会话中的线性文字在电子会话中被重新排列组合。日常会话中有丰富的体态语以使表达生动，但是在电子会话中人们只能在虚拟的环境下进行交流，看不到对方具体的动作与神态，因此往往使用表情动作命令，对文字符号重新排列以增强表达效果。

例 15：

A 手舞木棒，对准 B 的后脑一记闷棍，B 的脑袋直飞观众席，又是一个本垒打！

B 对 A 说：好痛呀

A 举起好大好大的铁锤往 B 头上用力一敲！

『锵！』B 表情呆滞！从他的眼神你仿佛看到……

```
*****************
*               *
*    5000000 Pt  *
*               *
*****************
         | |
         | |
         | |
         | |
         |_|
```

例15中，会话者输入动作命令后，系统自动产生了会话情境，其中系统用符号组合成一个锤子的图形，使得话语更加形象、生动、直观。

4.1.2.3 符　号

电子会话是一种非面对面的交流形式，因而造成了会话参与者眼神、表情、手势、身姿等态势语的缺失，言语社团成员便利用网络特殊符号或符号组合来仿拟人的面部表情传递信息。有的会话者甚至用这些符号创作出了一套人类表情符号系统，例如：

:)	高兴	:(	悲伤
:p	吐舌头	@_@	高度近视
^_^	开心地笑	=^_^=	害羞而脸红

这些符号利用了它们的组合形象与人类表情相似的特点，形象生动地展现了人类的各种面部表情。

例16：

A：不行了，zzz ZZZ……

B：晚安，>3<

例16中，"zzz ZZZ……"的意思是"打呼噜"，会话者A用这个符号表示自己困了；">3<"的意思是"亲亲"，会话者B用这个符号表示与对方的亲密关系。电子会话中书写形式的此种变异一方面生动地展现了会话者的表情，另一方面直观而又委婉地表达了会话者的心情。

在电子会话的书写形式上，会话者表现出极大的随意性。

他们惯于使用简单的符号来表达自己的喜怒哀乐，且经济性、相似性、趣味性尚可，不失为一种优良的表达方式。但这一变异也有缺陷，按认知语言学的说法，这种符号的书写方式，实际上是经历了一次转喻思维而获得的，这种表达不见得每个会话者都能看懂。

4.1.3　词汇的变异

词汇是语言中最敏感的成分，是变得最快、最多的组成部分，语言变异以词汇变异表现得最为明显。从词汇层去观察语言的变异现象，可以了解语言的发展变化。电子会话中词汇的变异表现在词形和词义两个方面。

4.1.3.1　词形的变异

电子会话中的词汇在形式上打破了汉语书面语以汉字为主的格局，字母、数字、汉语拼音、符号等的组合成了电子会话词汇的成员。

例17：

A：你玩魔方很厉害吗？

B：酱油

A：+1

B：多少秒？

A：额 我是菜鸟

A：你最快多少秒？

B：22秒

A：666

C：

D：……

E：MDZZ

A：群主 ti

B：这种人不能留

　　例 17 的会话中，综合运用了各种词形，有字母词"MDZZ"、数字词"666"、符号词"……"、拼音词"ti"，还有混合词"+1"。这是一段典型的词形变异的会话，这段会话发生在一个魔方爱好者群内，群内的成员年龄集中在12~20岁，男性居多，思维敏捷，对新生事物接受力较强。这段会话虽语言简洁，但信息量却不少。首先 A 是一个刚加入该群的魔方爱好者，对群内情况不是很了解，B 是群主，所以 A 问 B 玩魔方是不是很厉害，B 回答"酱油"，意思是"我是个过路者，水平一般"，A 回应了一个符号加数字的混合词"+1"，意思是"加上我一个，我的水平也很一般"；接着 B 问 A 魔方复原时间，A 回答"菜鸟"以表明自己水平并不高，又跟着追问 B 的水平如何，B 回答"22秒"后 A 用数字词"666"表示赞叹，意思是"牛牛牛、溜溜溜，厉害、灵活、令人折服"；这时 C 突然发了一个图片小广告，一直潜伏的 D 发出了一串符号词"……"，表示"内心不满、有意见、有话要说"，E 突然蹦出来说了一个字母词"MDZZ"，意思是骂发广告的人"妈的智障"，此时 A 回复了一个拼音词"ti"，意思是让群主把这个发广告的人踢出群；在群内成员的不满声中，群主 B 做出回应并加上了表情符号，以此表明自己的态度。

从上面这个例子中，我们可以看到：在电子会话中，完全可以用非常简洁的话语、变异的词形进行比较深入的交流，当然这段话不是每个会话者都能看懂的，这必须建立在特定的言语社团基础之上。

4.1.3.2 词义的变异

词义的变异指的是词义的改变和新义的产生，这是语言变异的一个重要方面。电子会话不仅在形式上发生了变异，在词义上也发生了变异。词义是人们对客观事物认识结果的反映。根据词义成分中与客观事物存在的直接和间接关系，词义可以分为客观的概念义和主观的色彩义两部分。概念义是词义中反映客观事物自身的那部分内容；色彩义着重反映了人们的主观认识。随着电子会话的普及，近20年大量新词新语涌现的同时，很多已有词语的概念义和色彩义都发生了变异。

（1）词汇意义。

在网上，电子会话者们标新立异、张扬个性，并具有向传统和权威挑战的叛逆性，他们将现有的语言材料曲解，从而使词义发生变化或增加新义。这有两种情况：

一是旧词同音异形异义。这是利用词汇间同音或近音的联想方式，将熟悉的词语中的某个字用同音或近音的字代替，词汇的音相同或相近，但字形改变，词义也改变。虽然原来的那个词语被替换，但新的词语的语音形式与之相同或相似，很容易让人重新想起原来的那个词语，给人一种似曾相识的感觉。例如：杯具（悲剧）、鸭梨山大（压力山大、亚历山大）等。

例18：

A：下周的主题性课堂教学大赛准备的（得）咋样了？

B：鸭梨山大啊😑
　··· ·

例18中"鸭梨山大"（压力山大、亚历山大）借用人们熟悉的人名"亚历山大"的谐音，将"亚历"改为"压力"或"鸭梨"，表现出会话者在巨大压力之下，但又不愿被压力所迫的幽默、调侃的心态。

二是旧词同音同形异义。这是指词的意义在传播中发生了变异，而词的语音、词形都未改变。旧词产生新义主要通过引申和比喻两种途径。这类词有的是旧词别解，即故意对原有词语的意义做出超常规解释，如"白骨精"被解释为"白领+骨干+精英"，这种变异有时能产生新颖独特、委婉含蓄、风趣幽默的效果；有的是词语移用，指一些为大家熟悉的旧词语被赋予了一个新的意义并应用到新的语言环境中，多表现为某一专业词汇进入其他的社会生活领域，成为全民词汇。如"中枪"原指被子弹击中，现在指自己什么也没做，没招惹别人却被别人言语攻击或被说中了。

例19：

A：我们刚回来，待会儿让她爬楼😊
　　　　　　　　·· ··
B：让孩子爬楼听冯老师的课，很好。
　　·· ··
C：谢谢冯老师，您的课非常好，孩子说他听懂了！

例19中，老师在微信群中用电子会话的形式和家长、孩子互动，直播课程。有的家庭时间没赶上，就往回看直播贴，这就好像爬楼一样，这其实是以比喻的修辞手法赋予了"爬楼"新的含义。

（2）色彩意义。

色彩意义是构成词义的重要成分，有的色彩义有自己独立的词义内涵，有的则表现出很强的依附性，依附于词的概念义之上。词的色彩意义一般有感情色彩、语体色彩、形象色彩等。

感情色彩义体现的是爱憎好恶的褒贬情感。在电子会话中，这种变异主要表现为词义的升格（贬义或中性转为褒义）和降格（褒义或中性转为贬义）。电子会话中，那些"似曾相识"的词义发生了转变，要慎重领会其内涵。其中词义的降格尤为突出，例如：可爱（可怜没人爱）、偶像（呕吐的对象）、天使（天上掉下来的一坨屎）、蛋白质（笨蛋+白痴+神经质）、天才（天生蠢材）、贤惠（闲闲的什么也不会）。词义升格的有：讨厌（讨人喜欢百看不厌）。这种可谓是"颠倒黑白"的词义变异，使得这些词的新义比本义更惹人喜爱，但是只有在特定的语域中特定的言语社团中才能准确把握其含义。

形象色彩义是词义中能引起主体对客观对象的形象联想的那部分内容。

例20：

A：这是个恐龙横行的时代，7456！
B：青蛙更多，你这个286。

例20中，"青蛙"和"恐龙"分别指"长相丑陋的男人"

和"长相丑陋的女人",这是以事物的相似性为基础,借助"青蛙"和"恐龙"这两个词语原有的形象,赋予其特定的比喻意义,以此唤起会话者某些生动具体的感觉。

4.1.4 语法的变异

电子会话的语法结构和汉语的语法结构大体是一致的,只是为了适应语域的需要,会话过程中语法结构出现了一些变化,这种变化主要是反映网络生活的信息化、快捷化,具体体现在构词语素、句法缩略、词类转换、时态混用、句式结构等方面。

4.1.4.1 构词语素

现代汉语中主要通过词根复合法构成新词,而电子会话中产生的大量新词,则主要有两种构词法:

一是词根复合法合成新词,也就是词根加词根的方式构成新词,如"菜鸟"(网络新手),这种方法和现代汉语构成新词的方法一致。

二是构词语素派生新词,也就是词根加词缀的方式构成新词,如"X客""X控""X哥""X门"等。

例21:

A:现在的孩子啊,上课时真是语出惊人。为什么《半截蜡烛》里杰奎琳能够保护那藏有情报的半截蜡烛?阳说:因为她颜值高。雨说,因为德国军官是萝莉控。然后,我就看到了这样的作业。😄(此处两张图片省略)

B:好奇的是,老师你是怎么评价这些答案呢,打√还是打叉?

A：我会要求他改成考试可以通过的答案，但是也会告诉他，他说得有道理。😀

例21中的"控"就是特别喜欢的意思，"控"作为一个新的类后缀，在网络中产生，并以其强大的生命力迅速繁衍出一系列"X控"族词语，呈现出独特的语言魅力。而且从会话中我们也能发现这种构词法不但在网络上很流行，在现实生活中也呈现出泛化趋势。

4.1.4.2　句法缩略

缩略是电子会话中的常用手段，不仅词汇可以缩略，产生大量的缩略词，句子也同样可以进行缩略，产生大量的缩略句，甚至有的句子缩略成了词的形式。缩略语的使用不仅可以节省打字时间、提高电子会话的效率，有时还能起到展示个性、活跃气氛的效果。电子会话中主要有英语缩略、拼音缩略、汉语缩略等形式。

（1）英语缩略。

例22：

A：明天早上7:00把车开到小门等你们哦！

B：3Q么么哒！🐷

A：明天我还带一个人哦

B：MORF?

例22中有两处用到了英语缩略，"3Q"的意思就是"Thank you"，这个句子的缩略比较特别，在缩略的过程中同时涉及了前文提到的语音变异中的数字谐音和连读变异；"MORF"是英语"male or female"的缩略，意思是"男士还是女士"。电子会话中类似于这样的英语缩略还有很多，它们经常夹杂在汉语网络语言中一起使用，成为汉语电子会话中的组成部分。

（2）拼音缩略。

例23：

A：楼上的太BT了

B：V5

例23是拼音缩略，其中"BT"是"变态"拼音首字母的缩略；"V5"是"威武"中"威"拼音缩略和"武"数字谐音的混合体。

（3）汉语缩略。

例24：

A：吃顿好，细软跑。

B：这就尴尬了 你为啥走的（得）这么突然

例24是汉语的缩略，"细软跑"是"收拾细软赶紧跑"的缩略形式，最早在贴吧中用来调侃发表了某些言论后，为了防止被追究责任，要赶紧躲起来。这些缩略形式虽然给新网民初次会话带来了一定的解码困难，但是却为网络交际提高了速度和效率，深受网民的欢迎。

4.1.4.3　词类转换

电子会话中，现代汉语原有词汇的词类在使用过程中发生了转换。具体的形式有：名词动词化、名词形容词化、形容词动词化、形容词副词化等。

（1）名词动词化。

例25：

A：绿豆冰糕又重出江湖了。去年火的程度我想大家都知道吧~包装完毕，明天售卖，要的微我！（此处四张图片省略）

B：给我留两盒！

例25中的"微"是指"微信"，这里是"给我发微信"的意思，此处名词用作了动词。

（2）名词形容词化。

例26：

A：豆乳，加单的速度！（此处两张图片省略）

B：海盐大盒还有吗？

例26中的"速度"原本是个名词，这里用作形容词表示"快一点"的意思。

（3）形容词动词化。

例27：

A：朋友圈是个爱恨就在一瞬间的地方，发个状态就让很多吃瓜群众"转黑"或者"转粉",为了防止大家被黑,以及更好的(地)招粉,小D特地总结了十大招黑体质,冰激凌、小板凳备备好,看看自己是什么属性?(此处十张图片省略)

B:我竟然发现你没有一条说对!

例27中有两个字很值得关注:"黑"和"粉",在这段会话中"转黑""转粉""被黑""招粉""招黑"中的"黑"和"粉"的用法各不相同。"黑"本身是一个表示颜色的形容词,在"被黑""招黑"两个词中转化成了动词,表示"讽刺、揶揄"的意思。"粉"则是"fans(粉丝)"的简称。

(4)形容词副词化。

例28:

A:79岁琼瑶突发长文交代身后事:绝不抢救不设灵堂
B:*严重同意!严重苟同!*

例28中的"严重"本是典型的形容词,在这里转化成了副词。

4.1.4.4 时态混用

作为互联网强势语言的英语不仅对汉语电子会话的词汇产生了影响,也渗透到汉语电子会话的语法层面。具体表现为两种:

(1)把英语时态标记词缀-ing、-ed等加在汉语动词的末尾,形成"汉语动词+英语时态标记"的用法。如"聊天ing""休息ing""工作ed"等。

（2）把汉语的语气词，如"的、呢、啦"的拼音置于英语句末，如"joking de"（开玩笑的）、"working ne"（正在工作呢）、"going la"（要走啦）。

例29：

A：聊天吗？

B：游戏ing

"动词+ing"形式是英文中正在进行时的表示方法，例29借用英文进行时态的ing标记附着在中文名词后，表示进行时。如果按照中文的常规用法，会话者B的回答应该是"我正在玩游戏"，这里的"游戏ing"虽然省略了时间副词"正在"和动词"玩"，但是却清楚地表现了正在进行时。这样中英结合的用法，不仅在句法结构上进行了省略浓缩，而且使表达方便快捷，新颖奇特，具有趣味性。

4.1.4.5 特殊句式

电子会话中还出现了一些句式上的非常规变异，例如：直接用副词修饰名词的现象，如"很白痴""很哥们""很义气""非常蛋白质"等；副词后置的现象，如"吃完饭，刚""给个理由先""旅游被推迟了，难过死了都"；汉字、字母、数字、符号等元素相互夹杂、叠用的现象，如汉字叠用"撒花花花花花"，标点符号叠用"说话！！！！！"，字母叠用"missss uuuuu"，数字叠用"5555"等。这些现象在日常生活中的使用频率也逐渐增多，并和生活中的语言相互影响。

例30：

A：再聊个五毛钱的

B：有事88888886🔲
　　 ‥‥‥‥‥‥‥

在这里，叠用主要是为了表达主观情绪，符号越多，表示的感情色彩越浓。

4.1.5 小　结

语言是人类组成社会的条件之一，是人类社会最重要的社会交际工具，它与社会息息相关。一方面，语言能反映社会生活；另一方面，社会结构、社会生活的变化也会引起语言的变化。科学技术的发展，新思潮、新观念的层出不穷，生活的日益丰富和繁杂，加之网络言论有着相当的自由度，这就为电子会话话语的"变异"提供了一定的条件。"语言与社会原是一对共变体，是相应地变化着的。变异（variety）是语言的常规，是普遍存在的一种社会语言现象。没有变异便不会有语言的发展。"①

4.2　电子会话话语的粘贴性

4.2.1　概念的引入

4.2.1.1　粘贴的三种使用类型

（1）手工性粘贴。

最原始的粘贴，是一种手工性的劳动，《现代汉语词典》对

---

① 姚汉铭.新词语·社会·文化[M].上海：上海辞书出版社,1998:1.

这一词条这样解释：用胶水、糨糊等使纸张或其他东西附着在另一种东西上，如：粘贴标语。手工性粘贴的方式是附着；粘贴物的来源一般为纸制品；粘贴的媒介是黏性物质；被粘贴的往往是原物、原物的复本或原物的一部分。

（2）技术性粘贴。

在技术层面上，粘贴是当今的一种电脑操作手段，人们可以通过剪切—粘贴、复制—粘贴的程序对文档进行任意的更改、拖动或随意的嫁接、组合又或是全盘的引用、抄录。电脑剪贴板上的这种简单、机械、重复的运作带来了信息时代的快捷便利，也带来了铺天盖地的复制品。

技术性的粘贴方式是嫁接或覆盖；粘贴物的来源一般为电子文档或图片；粘贴的媒介是鼠标；被粘贴的往往是电子文档、图片的复本或文档图片的一部分。

（3）表述性粘贴。

电子会话的过程中，话语层面同样出现了粘贴现象，这种粘贴以语篇为基本单位，是在表述过程中的文本的相互借用。按照系统功能学派的解释，语篇是一种语义单位，是一定的语言情境中有意义的表述的集合。这种集合在表述形式上有大有小，大的可到篇章，甚至整个文本，小的可以是一个独词句。电子语篇类型多样，体裁丰富，表现出多模态性，既可以表现为文字这样的语言手段，也可以表现为动画、图片、视频等非语言手段。

电子会话过程中的表述性粘贴，带来了表述的"无疆界"，这种粘贴在无须附带任何责任的状况下，也带来了语言的创造性。正如阿拉贡在《粘贴》中所说：

如果说我喜欢粘贴一词胜过引用，那是因为当我把别人的、已经成型的思考引入我写的作品里，它的价值不在于反映，而是一种有意识的行为和决定性的步骤，目的是推出我的出发点：它在我是出发点，在别人却是目的地。

4.2.1.2 三种粘贴类型的异同

（1）共性：三种类型的粘贴，对于原物或原文本来说都有借用的成分，对于粘贴后的物件或文本来说都具有构成性作用。

（2）差异：通过上文分析，手工性粘贴和技术性粘贴是有差异的，但他们都具有操作性的特点，都是对于原物或者文本的剪切或者复制，这两种粘贴仅仅限于形式。而表述性的粘贴则较为复杂。按照索绪尔的观点：概念和音响形象的结合叫做符号，语言符号是一种两面的心理实体，两个要素紧密相连而且彼此呼应。因此，在表述性粘贴中，就不仅仅局限于形式上的粘贴，还有意义上的粘贴。在粘贴的来源、媒介、方式、对象和成分上，表述性粘贴有别于手工性粘贴和技术性粘贴。

4.2.1.3 三种粘贴类型的来源

从上文的分析中，我们发现：手工性的被粘贴物往往是原物、原物的复本或原物的一部分，技术性的被粘贴物往往是电子文档或图片的复本或文档的部分，无论是手工性粘贴还是技术性粘贴，原材料都要经过剪切或复制才能成为粘贴的原料从而产生新的用途。与此类似，语言的粘贴也必须要经过剪切—粘贴或复制—粘贴的程序。在语言的使用中，剪切就是原有话语表述材料的部分使用，复制就是原有话语材料的全盘使用。

手工性粘贴的来源一般为纸制品，技术性粘贴的来源一般为电子文档或图片，表述性粘贴的来源则比较复杂。可以是语言单位，如：词、短语、句子或句群甚至整个篇章，也可以是图片、动画、视频等非语言单位。

例31：

A：每天这个时间点起床，然后出去吃个午餐，回来路过超市买一大堆零食饮料，然后回来继续睡，这样下去很快就是一个大胖子……现已57公斤，哈哈哈哈……

（附：2张"葛优躺"图片，此处省略）

B：才114呢，你爸都131了

"葛优躺"是指演员葛优在1993年情景喜剧《我爱我家》第17、18集里面的剧照姿势。现在，"葛优躺"被大家用来比喻自己的"颓废"状态。例31这段电子会话中，发话人A在文字表述的过程中，粘贴了"葛优躺"的图片，图片的粘贴虽然看起来和话语无关，但是配合文字的表述，增强了表达效果，更形象更生动地展现了发话人目前的生活状态。在这里，图片这样的非语言成分也成了电子会话中话语表述不可缺少的一部分。

因此，电子会话中话语粘贴的来源有二：一是以文字形式呈现的词、短语、句子或句群甚至整个篇章等语言手段的粘贴；二是以图片、动画、音视频、超链接等形式呈现的非语言手段的粘贴。

无论哪一种表述性的单位都包含形式和意义两个方面。因此，在语言的粘贴中，剪切与复制的对象也就有形式和意义两个方面。语言的形式、意义经过剪切或复制运用到新的语境中,粘贴之后就具有了新的形式与意义。

4.2.2 电子会话话语粘贴的类型

4.2.2.1 话语粘贴的模式

从话语粘贴的方式看,有剪切与复制两种方法,从话语粘贴的来源看,有语形和语义两个方面。在实际的话语粘贴过程中,有时使用的可能是话语的形式,而语义有可能完全保留,也有可能部分发生改变或完全改变,即复制的是语形,同时语义也被剪切复制或者发生转移;有时使用的可能是语义,而语形出现上述情况。经过配对组合,电子会话话语在粘贴的过程中会出现以下八种模式:

表7 电子会话话语粘贴的模式

方式 来源	1	2	3	4	5	6	7	8
语形	复制	剪切	复制	剪切	复制	剪切	零形态	零形态
语义	复制	剪切	剪切	复制	转移	转移	复制	剪切

从语言的形式上划分,电子会话的话语粘贴有两种类型:有标记的话语粘贴和无标记的话语粘贴。通过上面对电子会话话语粘贴模式的配对组合,我们发现:1—6种模式部分或完全保留了话语文本原有的形式,这样的话语粘贴我们称之为有标记的话语粘贴;7—8种模式的语言形态为零,只有语义的保留,因此称之为无标记的话语粘贴,这种无标记的话语粘贴主要表现在语义上。

电子会话中的话语粘贴，涉及三个文本：源文本（记为T_1）、电子会话文本（记为T_2）、新文本（记为T_3）。

电子会话粘贴的过程中，源文本T_1有可能部分被粘贴，也有可能全部被粘贴，我们将被粘贴的部分记为T_x（$T_x \subseteq T_1$，但$T_x \not\subset T_2$）。

电子会话话语形式上的粘贴主要表现为语形的合并，我们用数学符号"$\cup$"表示；电子会话话语意义上的粘贴主要表现为语义的融合，我们用数学符号"$\cap$"表示。

4.2.2.2　话语粘贴的形式类型

（1）嫁接式。

电子会话中，源文本T_1对电子会话文本T_2起作用，其方式是被粘贴的源文本T_1的部分或全部T_x直接出现在电子会话文本T_2的一侧，成为新电子会话文本T_3的构成要素。

逻辑式为：

①前置型话语嫁接：$T_x \cup T_2 = T_3$（$T_x \subseteq T_1$，但$T_x \not\subset T_2$）

②后置型话语嫁接：$T_2 \cup T_x = T_3$（$T_x \subseteq T_1$，但$T_x \not\subset T_2$）

图10　嫁接式话语粘贴

例32：

A：班长大哥突然找我　还以为发生了什么　一言不合就放风筝　你可知道有多晒!!! 😑

B：昨天风大我本来想去放风筝的

例33：

　　A：素描让我体会到了绝望的滋味😭😭😭😭很绝望……很绝望……很绝望……重要的事情说三遍👾👾👾
　　B：我已经生无可恋，比你绝望恼火👾👾👾
　　C：那我们一起生无可恋吧😶

　　例32、33分别是嫁接式话语粘贴的两种构成方式。例32是前置型话语嫁接，"一言不合就……"最早出现在百度贴吧等论坛，现在它也是一句吐槽用语，多指毫无预料地发生了某件事情，冷不丁的就突然做出某事了，源文本"一言不合就"直接出现在电子会话文本"放风筝"的前面，构成了前置嫁接式电子会话文本；例33是后置型话语嫁接，"重要的事情说三遍"出自一个日本网络典故，现在一般指这件事情很重要，源文本"重要的事情说三遍"直接出现在电子会话文本"很绝望……很绝望……很绝望……"的后面，构成了后置嫁接式电子会话文本。

　　（2）内嵌式。

　　电子会话中，源文本 T_1 对电子会话文本 T_2 起作用，其方式是被粘贴的源文本 T_1 的部分或全部 T_x 进入电子会话文本 T_2，使 T_x 镶嵌于电子会话文本 T_2 内部，成为新电子会话文本 T_3 的构成要素。

　　逻辑式为：$T_2 \cup T_x \cup T_2 = T_3$（$T_x \subseteq T_1$，但 $T_x \not\subset T_2$）

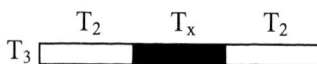

图11 内嵌式话语粘贴

例34：

A：感冒快走　我不需要你　鼻塞快走　我也不需要你　头疼快走　我更不需要你　鼻涕快走　不要流出来　蓝瘦香菇已经两天了　让我快点好吧

B：喝开水喝开水喝开水

例34中"蓝瘦香菇"是"难受、想哭"的意思，这里源文本"蓝瘦香菇"直接插入电子会话文本中，构成了内嵌式电子会话文本。

（3）外展式。

电子会话中，源文本T_1对电子会话文本T_2起作用，其方式是电子会话文本T_2进入被部分保留或全部保留的源文本T_x，使电子会话文本T_2镶嵌于源文本T_x内部，成为新电子会话文本T_3的构成要素。

逻辑式为：$T_x \cup T_2 \cup T_x = T_3$（$T_x \subseteq T_1$，但$T_x \not\subset T_2$）

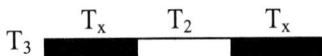

$$T_3 \quad \begin{array}{ccc} T_x & T_2 & T_x \end{array}$$

图12　外展式话语粘贴

例35：

A：吃饭虽易，减肥不易，且吃且珍惜。学习虽易，考试不易，且学且珍惜。

B：好像很有道理。

"恋爱虽易，婚姻不易，且行且珍惜"，最早出自明星微博中，例35中电子会话文本"吃饭、减肥、学习、考试"镶嵌于源文本"……虽易，……不易，且……且……"这个框架中，构成了外展式电子会话文本。

（4）覆盖式。

电子会话中，源文本T_1对电子会话文本T_2起作用，其方式是被粘贴的源文本T_1的部分或全部T_x完全覆盖电子会话文本T_2或与其重合，T_2被T_x取代，形成新的电子会话文本T_3。

逻辑式为：$T_x \cup T_2 = T_x = T_3$（$T_x \subseteq T_1$，但$T_x \not\subset T_2$）

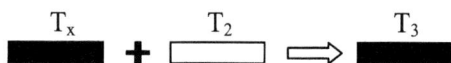

图13　覆盖式话语粘贴

例36：

A：明明可以靠脸吃饭，却偏偏要靠才华（此处省略9张美食图片）

B：下次我要尝尝女神的厨艺!! 😄

"明明可以靠脸吃饭，却偏偏要靠才华"，最早出自明星回应清秀旧照一事，例36中发话人A直接用源文本来表达"我的厨艺很好"的意思，构成覆盖式电子会话文本。

4.2.2.3　话语粘贴的意义类型

如前文所述，无标记的语言粘贴主要表现在语义上，而有标记的语言粘贴也会带来语义的改变，主要有以下两种：

（1）嵌入。电子会话中，源文本 T_1 对电子会话文本 T_2 起作用，无论被粘贴的源文本 T_1 的部分或全部 T_x 以何种话语形式进入电子会话文本 T_2，T_x 的语义或完全保留并进入电子会话文本 T_2，或内蕴在其中，或重合，或覆盖，成为新电子会话文本 T_3 语义的构成要素。

逻辑式为：$T_x \bigcap T_2 = T_3$（$T_x \subseteq T_1$，但 $T_x \not\subset T_2$）

例37：

A：我就是那个花了钱剪了头发没有变化的人。我可能剪了假头发。

B：多剪一点就会有变化了

"我可能+V.（了）+假（的）+N."最早来自电竞圈，这种"反话正说"是一种新的吐槽方式，例37中发话者A将源文本的语义粘贴进电子会话文本，语义相互融合，形成语义嵌入式电子会话文本，增强了表达效果。

（2）转移。电子会话中，源文本 T_1 对电子会话文本 T_2 起作用，无论被粘贴的源文本 T_1 的部分或全部 T_x 以何种话语形式进入电子会话文本 T_2，T_x 的语义或完全消失，或发生转移，电子会话文本 T_2 的语义基本保持独立。

逻辑式为：$T_x \bigcap T_2 = T_2 = T_3$（$T_x \subseteq T_1$，但 $T_x \not\subset T_2$）

例38：

A：工作的大船说沉就沉了，人生的巨轮说漏也漏了。他头破血流，你不知所措。

B：什么鬼？

例38的源文本是"友谊的小船说翻就翻"，进入电子会话文本后只在话语形式上保留了"……说……就……"的框架，形成新的电子会话文本"工作的大船说沉就沉，人生的巨轮说漏就漏"，而源文本"友谊经不起考验，说变就变"的语义消失，形成语义转移式电子会话文本。

4.2.3 电子会话话语粘贴的生成机制

电子会话中，话语的粘贴并不是简单的"源文本 T_1+电子会话文本 T_2=新电子会话文本 T_3"的过程，下面讨论 $T^{源}$（源文本）到 $T^{电}$（电子会话文本）的生成机制。

4.2.3.1 直接生成式

话语粘贴由两个文本构成：$T^{源}$与 $T^{电}$，二者之间呈直线形，$T^{源}$与 $T^{电}$分别为话语粘贴的起点和终点，$T^{源}$的语形或语义经过剪切或复制被粘贴到 $T^{电}$中，$T^{源}$到 $T^{电}$直接生成。

逻辑式为：$T^{源} \rightarrow T^{电}$

图14 直接生成式话语粘贴

例39：

A：怎么大风越狠，我心越荡。让你刮大风还穿长裙，你咋不上天呢。（此处省略1张图片）

B：你就像那冬天里的一把火😊

例39中的"你咋不上天呢"其源文本是朋友圈的一个段子，后来被广大网友围观并模仿，并被直接粘贴进入电子会话文本。

4.2.3.2　节点生成式

话语粘贴由多个文本构成，为$T^源_1$……$T^源_n$与$T^电$，各文本之间呈链状结构，$T^源_n$为节点，$T^源_1$与$T^电$分别为话语粘贴的起点和终点，中间可能会经过$T^源_2$、$T^源_3$……$T^源_n$多个节点。$T^源_1$的语形或语义经过剪切或复制被粘贴到$T^源_n$中，被粘贴的文本可能在形式与意义上发生改变，也可能保持不变，$T^源_n$中被粘贴的文本又以原状或变化后的状态经过语形或语义的剪切或复制进入$T^电$，形成一个新的文本，$T^源_1$经过$T^源_n$到$T^电$节点生成。

逻辑式为：$T^源_1 \rightarrow T^源_2 \cdots\cdots T^源_n \rightarrow T^电$

图15　节点生成式话语粘贴

例40：

A：使出洪荒之力送给J先森一个小情人，第一天某人已经有超级奶爸的潜质了

B：生啦？是个小公主么……

例40中的"洪荒之力"最早来源于《千字文》中"天地玄黄，宇宙洪荒"，后来被粘贴进2015年的仙侠玄幻剧《花千骨》

中用来指剧中的最强神力。2016年8月8日，里约奥运女子100米仰泳半决赛，中国选手傅园慧接受采访时说："我已经用了洪荒之力"，并配上搞怪的表情，快速走红网络，"洪荒之力"便成为网友调侃的常用语，"天地玄黄，宇宙洪荒"经过"洪荒之力"这一节点被粘贴进入电子会话文本。

4.2.3.3　树状生成式

话语粘贴由多个文本构成，为T^{源}与T$^{电}_1$……T$^{电}_n$，各文本之间以T^{源}为原点，呈辐射状结构展开，T^{源}是话语粘贴的起点，T$^{电}_1$、T$^{电}_2$、T$^{电}_3$……T$^{电}_n$为话语粘贴的终点，T^{源}的语形或语义经过剪切或复制被广为粘贴，构成N个新的文本，T^{源}到T$^{电}_1$……T$^{电}_n$树状生成。

逻辑式为：T^{源}→T$^{电}_1$……T$^{电}_n$

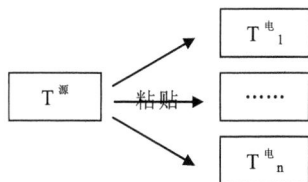

图16　树状生成式话语粘贴

例41：

1. A：一个背包，一张车票，一台单反，一个会拍照的爱人，世界这么大，我也想去看看，我带上你，你带上钱，我渴望一场没有限期的旅行。

　　B：不，我喜欢一个人去

2. A：我带上你　你带上吃的　我们一起去春游吧　亲爱的闺蜜们

（此处省略9张美食图片）

    B：看起来好好吃，春游啥的就算了

3. A：新年快到了　你带上红包　我带上你　我们一起去乘风破浪

    B：我可能点了一个假红包。

例41中"我带上你，你带上钱"的源文本是网上原创的一首小诗，后来被粘贴进入电子会话文本，并演变出多个不同的版本。从"我带上你，你带上钱"到"我带上你，你带上吃的"再到"你带上红包，我带上你"，话语粘贴树状生成。

4.2.3.4　复合生成式

话语粘贴的复合生成综合了以上三种生成机制。话语粘贴由多个文本构成，为 $T^源_1……T^源_n$ 与 $T^电_1……T^电_n$，$T^源_1$ 是话语粘贴的起点，成链形经过 $T^源_2$、$T^源_3……T^源_n$ 多个节点，再以 $T^源_n$ 为原点，呈辐射状形成 $T^电_1$、$T^电_2$、$T^电_3……T^电_n$ 多个话语粘贴的终点。$T^源_1$ 的语形或语义经过剪切或复制被粘贴到 $T^源_n$ 中，被粘贴的文本可能在形式与意义上发生改变，也可能保持不变，$T^源_n$ 中被粘贴的文本又以原状或变化后的状态经过语形或语义的剪切或复制被广为粘贴，构成N个新的文本，$T^源_1$ 经过 $T^源_n$ 到 $T^电_1$ ……$T^电_n$ 复合生成。

逻辑式为：$T^源_1 \rightarrow T^源_2……T^源_n \rightarrow T^电_1……T^电_n$

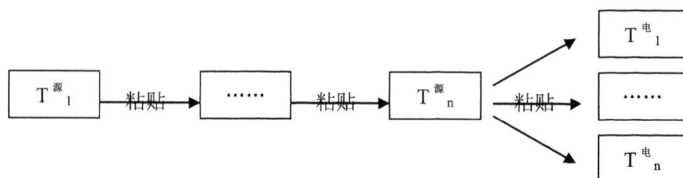

图17　复合生成式话语粘贴

例42：

1. A：阿三又开挂了，厉害了word哥，简直66666！（此处省略3分钟视频）

B：一个人的乐队😎

2. A：厉害了word警察叔叔。一食堂英勇抓小偷（此处省略1张图片）

B：居然错过了一场好戏

3. A：萌坏了word妹，看了好几遍，萌翻了（此处省略1分钟视频）

B：萌萌哒！

例42中"厉害了word哥"最早的源文本是"厉害了我的哥"，表达称赞、膜拜、敬佩之意，之后被粘贴形成新的文本"厉害了word哥"，并被粘贴进入电子会话文本，同时演变出多个不同的版本。从"厉害了我的哥"到"厉害了word哥"再到"厉害了word警察叔叔""萌坏了word妹"，话语粘贴复合生成。

4.2.4 小 结

任何文本都是引文的镶嵌品，任何文本都是从对另一个文本的吸收和转换而得来。互文性（文本间性）（intertextuality）概念应该取代互主体性（主体间性）（intersubjective）的概念。[①]

文本间的排列置换是一种互文性：在一个确定文本的空间中，源自其他文本的各种话语彼此相交中和。[②]

在上面两段文字中，法国文学批评家克里斯蒂娃阐释了"互文性"的经典定义。传统视野中的互文主要通过"参互成文，合而见义"的方式，使篇章在结构形式上有对称性，意义内容上有互补性，从而达到"语言明快，精炼含蓄，结构工整，寓变化于整齐之中；声韵和谐，显优美于节奏之间；含义丰富，见隐意于省略之外"[③]的修辞效果。传统的修辞学将互文看作一个静态的话语结构，但实际上在动态的言语行为中，文本与文本之间也存在着相互渗透、相互交织的特征，被互文这一范畴狭义及广义地收纳的语言现象，有一些共同的特征：a.被关注的话语总是联系着另一话语或话语的一部分——或者是另一话语或话语的一部分以不同方式进入了这一话语，或者是另一话语或话语的一部分影响着这一话语的形成（也可以说以零形

---

① 管志斌.语篇互文形式研究[D].上海：复旦大学，2012：47.
② 刘斐.中国传统互文研究——兼论中西互文的对话[D].上海：复旦大学，2012：20.
③ 倪宝元.大学修辞[M].上海：上海教育出版社，1994：282.

态的方式进入了这一话语）；b.话语之间的这种联系使得理解不再能够按照线性的方式进行。因此，在语言的实际运用过程之中，互文不仅仅是一种语言技巧，而且是一种普遍存在的现象。电子会话中话语的粘贴性就是一种具体的互文现象。

4.3 本章小结

通过前文对电子会话话语变异性和粘贴性的讨论，我们可以窥探出揉进时代风貌的语言心理特征，这也是电子会话过程中言语社团的心理特征：

（1）重新奇、求变化的心理。追求新奇、追求变化是人类共有的心理特征，语言成分的创造和使用也能明显地反映出这种心理状态，从电子会话话语变异和粘贴的过程中，我们更能看出这种心理因素的作用和影响。

（2）重个性、求认同的心理。在网络这一特定的语境下，人际的交往处于一种虚拟的空间，网民普遍追求的是一种"语不惊人死不休"的效果，崇尚个性张扬。因此，为了在更广阔的交际天地里自由驰骋，网民一边不断创新，甚至刻意标新立异，显示自己的独特之处，一边不断学习别人的创新成果，以求得被其他网民承认与接受。

（3）重效率、求简捷的心理。高科技时代的到来使人们生活节奏加快，要求交际的高效与准确。网络交流具有实时性特点，这就要求电子会话要尽可能的简明经济。电子会话中话语的变异现象和粘贴现象也应运而生。

（4）重趣味、求生动的心理。在社会世俗化加速的进程中，网络流行语表现出其强劲的渲染性。由于网络的交流与日常生活中的言语交流不同，只有枯燥的文字符号与感官刺激不明显的电脑屏幕，因此，人们迫切地希望这种交流能带来愉悦与乐趣，这就成了话语变异和粘贴的强大动力。

电子会话的话语是在网络文化这一大背景下孕育产生的，它不是无源之水，不是自成体系的一种语言，而是一个特殊的社团语言。网络技术的普及激发了汉语向着灵活、自由和新颖的方向发展。电子会话中话语的变异性和互文性既体现了语言使用者追求语言表达新颖和别具一格的言语风格的需要，同时也表现出网络生活的丰富多彩和汉语强大的创造力。当然电子会话的这些话语表征"首先只能是属于言语的，它是孤立的说话者的偶然产物"①，它能否经得起时间的考验，是否具有强大的生命力，还有待时间的检验。时代的步伐促进了语言的发展，而语言的变化印证着时代的变迁。

---

① 索绪尔.普通语言学教程[M].高名凯,译.北京:商务印书馆,1980:43.

第五章　电子会话结构分析

　　"对会话结构的研究可以从两个方面去着手。一是从整体上去看一个完整的会话过程是怎样构成的，即会话是怎样开始，怎样结束，期间又是怎样发展的，这是对会话整体结构的研究。二是研究会话的局部构成，一次会话活动是由参加者一次接一次的局部发言所构成的，一个参加者的发言和另一个参加者的发言之间有什么联系，如何构成连贯的话语，他们如何进行更迭，这是会话的局部结构研究所要解决的问题。"①本章对于电子会话结构的研究也将从这两个方面着手。

5.1　电子会话的整体结构

　　"一次完整的会话通常由开端、主体、结尾这样三个部分组成。"②我们将以此为重点研究电子会话的整体结构。

5.1.1　电子会话的开端

　　"会话的开端具有两方面的功能：发话者用一定的手段引起

---

① 何兆熊.新编语用学概要[M].上海:上海外语教育出版社,2000:307-308.
② 邵敬敏.现代汉语通论[M].上海:上海教育出版社,2001:285.

对方的注意，并表示有邀请他参与这次言语活动的意向；受话者则表示他已经把注意力转移过来，并愿意参与这次言语活动。这两种功能的存在，就使会话的开端一般具有"召唤—回应"的结构方式。"①

5.1.1.1　电子会话开端的特点

在无技术介入的前提下，日常会话的"召唤—回应"系列一般有以下三个明显的特点：

（1）非终止性（non-terminality）。就是说"召唤—回应"不会是一次会话的最后一次交换，相反，它通常是一次会话的开始。

（2）不可重复性（non-repeatability）。就是说在一个召唤得到回答后，召唤者不能再次提出召唤。

（3）制约关联性。就是说，有了"召唤"，理应要有"回答"，如果"回答"不出现，召唤的一方便有理由重复"召唤"。②

但是当技术介入之后，电子会话开端的上述三个特点发生了变化：

（1）可终止性。由于电子会话场景的空洞性和虚拟性特征，以及会话行为的无中心特征，交际双方往往在会话之初的"召唤—回应"后就会终止会话。

例43：

A对B说：你好

B对A说：好

---

① 邵敬敏.现代汉语通论[M].上海：上海教育出版社,2001：285.
② 以上3个特点见何兆熊.新编语用学概要[M].上海：上海外语教育出版社,2000：325.

A对B说：你一个人吗

B对A说：恩（嗯）

B对A说：我要走了886

在上面的这个例子中，会话双方在简单的致意之后就告别了，电子会话中有时还会出现双方致意之后就不再说话，连告别的程序也省去的情况。

（2）可重复性。电子会话中快速的刷屏技术以及会话者的流动性，"召唤——回应"往往会反复出现，如果会话者双方是陌生人，很多会话者在"召唤——回应"终止会话后，过一段时间又会重复同样的程式继续会话。

例44：

A对B说：HEIIO（*HELLO*）

B对A说：看不懂

A对B说：你好

B对A说：你好啊

A对B说：恩（嗯）

在上面的这个例子中，"召唤——回应"的程序进行了两次。

（3）制约关联性弱化。电子会话是开放的、无中心的，每一个会话者都享有平等的发言权和选择权，有时会话主体身份被隐蔽，因此有了"召唤"，未必要有"回答"，会话双方的制约性减弱。

例45：

A 对 B 说：嘿

C 对 B 说：说话啊

A 对 B 说：你真够沉默的　怎么大哥我跟你说话都不理

D：大家好😀

E 对 B 说：为什么不叫吃肥啊

C 对 B 说：这样说很累啊

A 对 B 说：哑巴么　欠匾（扁）？

E 对 B 说：哎

E 对 B 说：到（倒）好的人啊

E 对 B 说：可惜是个哑巴啊

E 对 B 说：哎

E 对 B 说：可怜啊

A 对 B 说：弟弟　张开眼看看　你哥哥跟你说话呢！！

C 对 B 说：你怎么不说话啊？

E 对 B 说：等我去妇联申请资金帮你啊

A 对 B 说：哎　妇联倒霉了

E 对 B 说：要收中性人了啊

A 对 E 说：呵呵　成了收养所了

E 对 A 说：哈哈

上面的这个例子中，A、C、E 三人持续向 B 发出召唤，可是 B 却没有一句回应，到最后，发出召唤的 A 与 E 开始了会话。

5.1.1.2　电子会话开端的类型

　　日常生活中会话的开端发生在两类人之间：陌生人与熟人。刘虹在《会话结构分析》中对日常会话中的这两类情况进行了分析，并归纳了各自的类型特点。他认为陌生人之间的会话开头比熟人之间会话开头要困难得多，因为陌生人之间不甚了解，容易引起相互猜疑和戒备心理，这会严重妨碍会话的进行。他将陌生人的会话开端分为询问式、请求式、介绍式、提供式和闲聊式五个类型；将熟人之间的会话开端分为同处型、拜访型和相遇型三个类型。

　　技术语境下，电子会话经常发生在陌生人之间，技术同时带来了平等的话语权，所以会话者之间虽然陌生但是却畅谈自由，会话开头的难度也较日常会话简单了许多。由此电子会话开端的类型也表现出异于日常会话的特征，它介于陌生人与熟人之间，既有陌生人闲聊式的会话开头的特点，也有熟人相遇型会话开头的特点。在电子会话中使用的比较多的是致意式与询问请求式的开头。日常会话中，陌生人之间不使用"致意——致意"这种对答结构，这种结构是熟人会话开头的典型，但在电子会话中却大量频繁地使用，其中使用频率比较高的是"你好——你好"。

　　例46：

　　1. A 对 B 说：你好啊

　　2. A 对 B 说：可以认识你吗？

　　3. C：有人吗？

　　4. C 对 B 说：你好

　　5. D 对 B 说：自己在啊是在等人妈（吗）

6. E对F说：你好

7. F对E说：好

8. E对F说：你一个人吗

9. F对E说：恩（嗯）

10. F对E说：我要走了886

11. G对B说：嗨　你好啊　这里边就我们两个人啊

12. H：狐狸，老子来了

13. I：dj　大家好啊

14. J对I说：hello

15. K：大家好

上面的这个例子中，一共有15个话轮，全部都发生在会话的开端。发话的有10人，发话人之间互不相识，但是10个人中有8个人在会话中用了"你好——你好"这样致意式的开头。

5.1.1.3　电子会话开端的方式

在没有任何技术介入的情况下，会话开端一般采用"召唤——回应"的结构方式。"实现召唤功能最普通的方式是：

（1）运用称呼语（小李、王总、爷爷）和呼语（喂、哎）。

（2）运用体态语，如眼神、表情、手势以及体位。

实现回应功能最普通的方式是：

（1）运用应答语（哎、嗯）。

（2）常用反问方式（"什么事?""干吗?"）。

（3）运用体态语。"①

技术语境下，会话的开头摆脱了日常会话中的许多束缚，

① 邵敬敏.现代汉语通论[M].上海:上海教育出版社,2001:285.

简洁明快。首先，日常会话中的态势语消失，文字、图像成为唯一的语言信道，话语成为唯一的交际手段。所以，"召唤——回应"的方式也变得单一起来。其次，会话者通过远程登录系统上网，主体的身份特征有时具有隐蔽性，所以会话之初的观察猜测的过程经常被省去，双方往往直接进入会话，称呼的功能也因此被弱化。但是，受技术的支配，电子会话提供了识别身份的另一种手段——网名，会话者通过点击用户列表中的网名弥补称呼的缺失。因此，电子会话开端的方式是：

点击对方网名（或所有人）——内容——发送消息

例46中的第1、4、5、6、7、11、14话轮用的就是这种方式，第3、12、13、15话轮的发话者没有明确的对象，所以直接向所有的人发送消息。

5.1.2　电子会话的主体

会话的主体是会话中围绕主题而展开的话语部分。在无任何技术介入的日常会话中，会话主体的形式主要有话轮、话对、话段三种。但是，在技术语境下，会话的二元结构被打破，往往一个会话者要兼顾多个谈话组群。这样，二元会话结构下不被人注意的会话流在这里变得尤为重要。因此，对于电子会话主体的研究，我们从话轮、话对、话段、话流四种形式出发。

5.1.2.1　话　轮

5.1.2.1.1　电子会话话轮的判断标准

刘虹在《会话结构分析》中对话轮这一概念有这样的表述：话轮是构成日常会话的基本单位，它是指会话过程中，"说话者在任意时间内连续说出的一番话，其结尾以说话者和听话者的角色互换或各方的沉默为标志。这个表述中包括了两个衡量话轮的标准：

（1）说话者的话是否连续，即在一个语法语义完成序列的末尾有无沉默。如有沉默，那么说话者的话就不止一个话轮。

（2）是否发生了说话者和听话者的角色互换。如果发生，就标志着一个话轮的结束和下一个话轮的开始。"[①]

我们发现这样的判断标准并不适用于电子会话。电子会话中，话轮仍然是构成会话的基本单位，但是由于媒介的改变，信息传达主要通过网络技术与键盘屏幕的配合使用来完成。因此，技术语境下电子会话的话轮是指：会话过程中说话者在任意时间内通过键盘输入的一番话，其结尾以文字显示在屏幕上为标志。因此电子会话的话轮并无意义上的完整性可言，我们对于电子会话话轮的判断也不再以意义为标准，而是以形式为标准，只要：（1）有文字呈现在屏幕之上，（2）发生了说话者和听话者的角色互换，就可以判断为一个话轮。

例47：

1. A对B说：你好，聊会？
2. C对D说：大家是同胞.
3. D对C说：但我市（是）真正的韩国人
4. B对A说：好啊
5. A对B说：你是`哪里人？

---

① 刘虹.会话结构分析[M].北京:北京大学出版社,2004:46.

上面的这个例子中，说话者和听话者的角色一共互换了五次，因此就是五个话轮。

5.1.2.1.2　电子会话话轮的构成要素

话轮的构成要素就是指构成话轮的言语形式。日常会话中，话轮主要由单句、复句和句群构成。

电子会话中，由于语言信道由文字、图像来承担，会话的可视性加强，话轮的构成要素变得更为复杂，突破了日常会话中的常规模式。电子会话话轮的构成要素有以下三类：

（1）语言形式：语言形式是电子会话话轮的主要构成要素，但是，由于技术对会话者速度的要求，日常会话中的复句与句群在电子会话中很少出现，即使是单句也多是省略句、独语句等非主谓句形式。并且，会话者为了方便快捷，往往省略标点符号，这样，一个词、甚至一个语素都可以构成一个话轮。

（2）非语言形式：数字、字母、动画、贴图、动作命令、各种符号等（可单独以某种形式出现，也可相互组合出现）。

（3）语言形式与非语言形式组合。随着技术的发展，电子会话的构成要素具有综合了语言形式与非语言形式的多模态性，可以是静态的文字、图片，也可以是动态的音乐、视频，甚至可以是一个"赞"或者一条信息的转发。

例48：

来源:微信群

上面的这个例子中，共有5个话轮，第4、5个话轮由语言形式的要素构成，第2个话轮（图片）由非语言形式的要素构成，第1（网络购物超链接）、3个话轮由语言形式与非语言形式的要素组合而成。

5.1.2.2 话 对

"前后相邻、内容相关并且分别由会话双方的两个话轮构成的会话单位是话对。所谓话对的内容相关指的是两个话轮在功能上的对应，如提问与回答、提议与认可或谢绝、批评与接受、解释或反驳。"①这个定义包含了日常会话中话对的以下五个特征：

（1）由两个话轮构成。

（2）两个话轮相邻接。

（3）两个话轮各由不同的说话者说出。

（4）两个话轮的内容相互关联。

（5）两个话轮有一定的先后次序。

电子会话的信息传播规模具有不确定性特征。电子会话从日常会话中的个人对个人的互动，发展到了个人对个人、个人对少数人、个人对多人的同步传播。但是由于信息沟的存在，这种"同步"的本质其实是滞后、延时，加上电子会话的话轮并无意义上的完整性，只表现为形式上的特征，因此导致电子会话的话对特征出现以下变化：

（1）话对的两个话轮经常不相邻。

（2）话对的两个话轮虽然内容相关，但是意义经常不完整。

（3）话对的两个话轮在屏幕上显示的顺序，可能与实际会话相反。

（4）话对并不都是一一对应，经常出现有问无答的情况。

例49：

1. A对B说：嘿！

2. A对B说：你跟我说话么//

3. C：喜欢聊什么呵呵

4. D对E说：捣乱的

---

① 邵敬敏.现代汉语通论[M].上海:上海教育出版社,2001:286.

5. C：哦，没事

6. E 对 D 说：？？

7. E 对 F 说：？ //

8. C：那你继续

9. E 对 F 说：你去死啊

10. A 对 B 说：没关系

11. G 对 F 说：你叫沉没（默）羔羊?

12. E 对 D 说：你是？

13. H：321

14. G 对 F 说：不会吧

15. G 对 F 说：还羔羊啊

16. H：1234012415842124015412 45464

17. G 对 F 说：可怕啊

18. C：呵呵

19. H：jndcb24

20. B 对 A 说：~😊

21. H：886

　　上面的这个例子中，共有 21 个话轮，其中可以算得上是话对的只有第 4 个话轮与第 6 个话轮，而且这两个话轮并不相邻且意义不完整；第 1、2、10 话轮都是 A 在发话，对象是 B，而 B 一直到第 20 个话轮才给予回应，相隔很远且不知回应的是哪一个话轮；除此之外，其余的话轮都是没有应答的。

5.1.2.3　话　段

　　"会话总有一个主题，围绕着同一个主题展开的一组话对构成一个话段。所谓'主题'是指会话内容围绕的中心。一个话段具有多少个话对也是没有上限的，但只要发生了会话主题的转换，这一话段也随之而转到了下一个话段。一次完整的会话由连续发生的若干个话段组成，但也可以只有一个话段。而话段又可以只由一个话对组成，所以一次最简单的会话只包括一个话对。这是会话的最低限度，否则就是独白而不是会话了。"[①]

在日常会话中，两个意义上毫无关系的主题如果要在同一次会话中出现，必须采取一维线性方式进行，也就是说日常会话中的话段是呈线性链状式连续展开的。

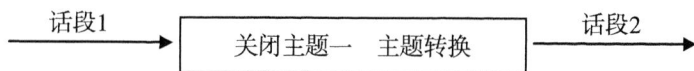

图18　日常会话的话段结构

电子会话中，当网络速度和交际双方的反应都很快时，信息沟往往很小，可以忽略不计；但是，当信息沟较大时，超越了交际双方习以为常的范围时，原有的话段就会断裂，其中一方就会因为语用推断失误转换话题，产生新的话题。大多数情况下，由于电子会话参与者比较多，在两个人会话的完整的话段中常常夹杂着其他人的会话，这也造成了话段的断裂。日常会话中话题往往受到一方的牵制，但在电子会话中会话者享有平等的发话权，所以会话双方任何一方都可以展开一个新的话题，从而形成话段的平行。电子会话的话段由若干个双向话对构成。电子会话的话段有如下特征：

---

① 邵敬敏.现代汉语通论[M].上海:上海教育出版社,2001:286-287.

（1）一维线性话段与二维话段并存。

（2）多数情况下，话段的连续性被打破，话段呈现出平行性或断裂性特点。

5.1.2.4 话 流

会话流就是发话人和受话人之间一次完整的会话。日常会话过程中，每一次完整的会话总是在两个人之间完成，所以话流在这里显得并不是很突出。但是，当会话的这种二元结构在技术的介入下发生改变时，我们就不得不去关注它了。

电子会话语域是一个多人会话场所，每个人会话对象的数量都是不定值。因此，我们认为：在电子会话语域下，任何两个人之间一次完整的会话就是一条会话流。话流与话对、话段之间有本质上的区别。

（1）话流与话对。

无论是日常会话中，还是电子会话中，话对都具有以下两个特点：A.一个话对由两个话轮构成；B.一个话对的两个话轮由两个不同的说话者说出。话流具有以下特点：A.构成话流的话轮数量不定，但最少由两个话轮构成；B.一条话流中所有的话轮只由两个不同的说话者说出。也就是说：构成一条话流的话对数量不定，但最少可以由一个话对构成，话流只发生在两个会话者之间。

（2）话流与话段。

话流与话段都由话对组成，且最少都可以由一个话对构成。但是，话段的分析以意义为标准，围绕一个主题展开的一组话对构成一个话段；而话流的分析以形式为标准，只要发生在两个人之间的一次完整的会话就构成一条话流。一个话段可以由两个不同的说话者说出，也可以由多个说话者说出；而一条话流只可以由两个不同的说话者说出。一条话流可以由几个话段构成。

由此，我们可以得出：一条完整的会话流由若干个话对或话段组成，具体有多少个话对或话段是没有上限的，同时也可以只有一个话对或话段。一条最简单的会话流只包括一个由单个双向话对构成的话段。

在日常会话中，会话一般只发生在两个人之间，一旦超过两个人，会话就会发生分化，并且多人汇集在一个场所中进行群体会话的概率比较小，即使进行群体会话，也是你一言我一语，围绕一个中心展开，很难形成两人之间完整的会话，所以会话流一直处于隐性状态；但是，在电子会话中，由于技术的介入，会话多依靠文字、图像为语言信道，所以会话者可以多元兼顾，同时与几个人进行会话，并且很多人汇集在一个社交平台进行交流，因此，会话流在这里便突显出来，原本呈线性传播的会话模式呈现出平面结构与立体结构。会话流成为我们分析电子会话结构必不可少的要素。

通过计算，我们得出：

（1）日常会话中的会话流的最大值为：$n/2$（n为正偶数时）或 $n-1/2$（n为正奇数时）（n为参与会话的人数）；

（2）电子会话中的会话流的最大值为：$n(n-1)/2$（n为电子会话平台的人数，n不分奇偶）。

5.1.3　电子会话的结尾

会话是一种合作性的社会活动，要使它的结束圆满得体，不至于显得唐突无礼，就应该有一个完整的结尾。会话的结尾比开头容易一些，因为交际的主体已经完成，但是结尾也有自己的规则要遵循。

5.1.3.1　电子会话结尾的特点

日常会话中的结尾一般分为：非程式化会话的结尾和程式化会话的结尾。非程式化会话的结尾没有固定的结构形式，这类会话大多发生在比较熟悉的人之间；"程式化会话的结尾已经形成比较固定的结构程式，这类会话大多发生在陌生人之间。"①

电子会话中，当会话主体比较隐蔽，具有陌生化的特点时，在会话的结尾上有时会表现为非程式化的特征。

5.1.3.2　电子会话结尾的方式

日常会话中，会话的结尾一般有以下几个步骤：结尾前的准备、预示结尾、协商、告别。正如会话的开头一样，会话的结尾也有一个观察猜测的过程，要在恰当的时候结束会话，强行终止会话就会显得不礼貌。预示结尾是指会话的一方要结束会话时，向对方发出的结束会话的暗示，这种暗示可分为言语的和非言语的两种。在预示结尾的信号发出后，接受信号一方一般要对这种信号做出反应，即表示自己对结束会话的态度，这时往往会产生一个协商序列，目的是在礼貌上提供时间上的缓冲，让对方考虑是否还有话要说，希望在结束会话上与对方取得一致。告别语的发出是会话正式结束的标志，一般是由双方交换道别语、叮嘱语组成的，例如"再见""多保重"等。

技术语境下，电子会话场景上的空洞化与虚拟化特征，使

① 刘虹.会话结构分析[M].北京:北京大学出版社,2004:168-178.

得会话的结尾更简洁，速度上的要求使日常会话中结束前的一系列准备活动被简化，一般有以下三种方式：

（1）协商—告别。这种模式和日常会话一样，结尾有一个过程，但是较日常会话要简单一些，没有结尾前的准备与预示结尾，只有协商、告别的过程。并且这种模式一般发生在已经比较熟悉的人之间，或者在会话过程中已经取得良好人际关系的人之间。

例50：

1. A对B说：我在qq上面何以小妹妹说话呢
2. B对A说：你忙的话我就先走了　不打扰你了
3. A对B说：哼　那你走吧
4. A对B说：8686
5. B对A说：再见　一会再来找你

在上面的这个例子中，话轮2—3是协商序列，话轮4—5是告别序列。

（2）直接告别。电子会话时，所有的言语行为必须要通过键盘输入。大部分人为了省事省时，会将结尾简化为一句简单的告别语，使会话的结束变得更为快捷。电子会话中使用频率较高的告别语是"88"。"88"与"拜拜"谐音，快捷便利，趣味性强且表意明确。

例51：

1. A对B说：你呢？

2. A对C说：还在呢

3. B对A说：5年级

4. A对B说：哦

5. C对A说：你好受欢迎啊

6. B对A说：有没有喜欢的偶像

7. A：有事88888886

在上面的这个例子中，话轮1—6都是按照正常的程序在进行会话，到话轮7，A忽然告别，没有任何预示结尾与协商序列。

（3）无结尾。这样的结尾严格来说并不能称之为结尾。网络的驱动使社交平台的人员流动很大，很多人在短暂的时间内无法建立人际关系，或者由于信息沟的影响，快速的刷屏，使很多话语被会话者忽略而导致不能正常的结束会话。但是这种无结尾而结束会话的行为，在电子会话中并不被认为是不礼貌的行为，这种现象出现的概率也非常大，熟悉社交平台运作规程的每个会话者都有充分的心理准备与容忍度。

例52：

A对B说：我今天是第一天进来

A对C说：你好啊

B对A说：是嘛（吗）哦　怪不得以前没见你

C对A说：找我弟弟把（吧）

A对C说：你弟弟是谁咯

C对A说：往～

A对B说：是啊

B对A说：呵呵　那你和我妹夫说话吧

B对A说：他挺好玩的

A对B说：是谁咯

B对A说：往事如烟

A对B说：哦，他是你妹夫啊

B对A说：是的阿（啊）

A对C说：他是你弟弟啊

A对B说：哦

C对A说：是呀

A对C说：他又不好

C对A说：呵呵

D：我妈妈来了，不敢说话啊

D对B说：哈哈，那家伙那（哪）去了，跑拉（啦）～～～～～～

B对D说：跑掉啦

　　在上面的这个例子中，B和C都将A介绍给D，可是当D准备和A说话的时候，A却不告而别。

5.2　电子会话的局部结构

　　会话分析学家这样表述：日常会话是一个有序的过程，"两个或两个以上的会话参与者在没有事先安排的情况下，一个接着一个轮番说话；在一般情况下，在同一时间内，一次只有一个人讲话；虽然一个人一次说的话可长可短，不能预知何时结束，但是会话中很少出现重叠和沉默现象。"①

由于技术的介入，电子会话表现出异于日常会话的会话程序：两个或两个以上的会话参与者在没有事先安排的情况下，在社交平台上以网络为媒介，通过电脑或手机键盘输入话语，通过电脑或手机屏幕收看话语，轮番说话或同时说话，一个人一次说的话可长可短，以话语发布在屏幕上为结束，呈现在屏幕上的话语不会出现重叠现象，但会话中时有沉默现象。

为了解释会话参与者们如何在电子会话中有秩序地轮流说话，我们将重点以电子会话的话轮交接系统及话对、话段、话流为对象，研究电子会话的局部结构。

5.2.1 电子会话话轮的交接系统

"为了解释会话参与者们是怎样有秩序地轮流说话，萨克斯等提出了一个会话的话轮交接系统，他们用两个要素和一套规则来描述这个系统。"②一个要素是话轮的构成要素，另一个要素是话轮分配要素；一套规则是话轮交接规则。会话分析学家把会话模式化为一个无限话轮交接的生成机器，这个装置在会话过程中不断起作用，使得会话过程可以并然有序地进行。

5.2.1.1 电子会话转换关联位置的判断

话轮的交接一般发生在转换关联位置，或者是话轮构成单位的末尾。"在会话过程中，只有正确判断话轮的终止位置，即正确判断话轮的转换关联位置，才能使话轮交接顺利进行，下

---

① 刘虹.会话结构分析[M].北京:北京大学出版社,2004:45.
② 刘虹.会话结构分析[M].北京:北京大学出版社,2004:23.

一个说话者才能在恰当的时候开始说话，从而避免或减少重复和沉默。"①

在日常会话中，转换关联位置的判断其实就是话轮结束标记的判断，"话轮结束的标记主要有：一、话轮结束停顿；二、体态语。"②

电子会话中，技术的介入使每一个出现在屏幕上的话轮都是依靠键盘输入的，话轮何时开始、何时结束掌握在输入者手里，会话者看到的只是出现在屏幕上的已经结束的话轮。因此，电子会话中的转换关联位置根本不需要判断。

5.2.1.2　电子会话话轮的分配方法

"话轮分配方法分为两类：一类是现在的说话者指定下一个说话者……另一类是有人自选成为下一个说话者。"③

5.2.1.2.1　选择下一个说话者的方式

日常会话中，选择下一个说话者的典型方式包括直接叫某个人的名字，或用目光示意让某人说话，或用姿势表示，或者向某人提问。

电子会话经常发生在多人聚集的虚拟化交际场所，话语是唯一的表达方式，因此选择下一个说话者只有一种方式：即直接点击对方的网名。

5.2.1.2.2　听话者的自选方式

日常会话中，听话者的自选方式可以分为正常的自选方式和非正常的自选方式。正常的听话者自选方式，指发生在话轮

① 刘虹.会话结构分析[M].北京:北京大学出版社,2004:69.
② 邵敬敏.现代汉语通论[M].上海:上海教育出版社,2001:288.
③ 刘虹.会话结构分析[M].北京:北京大学出版社,2004:23.

转换关联位置，现在的说话者未选择下一个说话者，由听话者主动自选获得发言权的方式。一般听话者都通过态势语发出索取话轮的信号。非正常的自选方式是指听话者在说话者的话轮未完成时介入的自选方式。这种情况一般发生在说话者未说完时，听话者想得到发言权，打断说话者的话轮。

电子会话中，所有的交际只依靠文字、图像等多模态语篇完成，因此听话者在自选获得发言权时不需要发出索取话轮的信号。电子会话中的每个会话者享有同等的话语权，随时可以直接用键盘输入信息自选为下一个说话者。同时，电子会话中的交际文本因为技术的制约只能依次呈现在屏幕上，因此不可能强行打断对方的话轮，只能通过正常的自选方式成为下一个说话者。

5.2.1.3 电子会话的话轮交接规则

5.2.1.3.1 日常会话的话轮交接规则

刘虹对萨克斯等人提出的话轮交接规则做了进一步的修正与完善，提出了汉语的话轮交接规则：

（1）用于任何话轮的第一个转换关联位置上，现在的说话者选择了下一个说话者时。

a.如果现在的说话者选择了下一个说话者，那么现在的说话者应该停止说话，入选的说话者应该接下去说话。话轮交接出现在选定说话者后的第一个转换关联位置。

b.如果现在的说话者选择了下一个说话者，但入选的说话者未接下去说话，那么现在的说话者应该继续说话。

c.如果现在的说话者选择了下一个说话者，但入选的说话者未接下去说话，现在的说话者也未继续说话，那么其他的会话参与者可以自选。

（2）用于任何话轮的第一个转换关联位置上，现在的说话者未选择下一个说话者时。

a.如果现在的说话者未选择下一个说话者，那么别的会话参与者可以自选，首先讲话的人获得下一个话轮。

b.如果现在的说话者未选择下一个说话者，别的会话参与者也未自选，那么现在的说话者可以（但不是必须）继续讲话。

（3）用于第一个转换关联位置后的每一个转换关联位置。

当现在的说话者运用规则1b或规则2b时，那么在下一个转换关联位置可以运用规则1a—c与规则2a、b，并且可以在下面的转换关联位置循环运用上述规则，直到说话者转换实现为止。[①]

5.2.1.3.2　电子会话的话轮交接规则

（1）用于任何话轮的第一个转换关联位置上，现在的说话者选择了下一个说话者时。

a.现在的说话者选择了下一个说话者，如果现在的说话者停止说话，入选的说话者接下去说话。话轮交接出现在选定说话者后的第一个转换关联位置。

例53：

附录1——话轮：16—17

b.现在的说话者选择了下一个说话者，如果现在的说话者停止说话，入选的说话者未接下去说话，其他的会话参与者可

---

① 以上3条规则见刘虹.会话结构分析[M].北京:北京大学出版社,2004:68-69.

以自选成为下一个说话者（但不是必须），说话内容最先显示在屏幕上者获得下一个话轮，话轮交接发生在那个转换关联位置。

例54：

附录1——话轮：2—3—4—5

c.现在的说话者选择了下一个说话者，如果现在的说话者停止说话，入选说话者和其他会话参与者同时说话，说话内容最先显示在屏幕上者获得下一个话轮，话轮交接发生在那个转换关联位置。

例55：

附录1——话轮：39—40—41

d.现在的说话者选择了下一个说话者，如果现在的说话者停止说话，入选说话者和其他会话参与者都未说话，现在的说话者可以继续讲话，话轮交接出现在选定说话者后的第一个转换关联位置。

例56：

附录1——话轮：93—94—95

e.现在的说话者选择了下一个说话者，如果现在的说话者停止说话后继续说话，入选说话者或（和）其他会话参与者也同时说话，说话内容最先显示在屏幕上者获得下一个话轮，话轮交接发生在那个转换关联位置。

例57：

附录1——话轮：124—125—126

（2）用于任何话轮的第一个转换关联位置上，现在的说话者未选择下一个说话者时。

a.现在的说话者未选择下一个说话者，如果现在的说话者停止说话，其他会话参与者可以自选成为下一个说话者（但不是必须），说话内容最先显示在屏幕上者获得下一个话轮，话轮交接发生在那个转换关联位置。

例58：

附录1——话轮：13—14

b.现在的说话者未选择下一个说话者，如果现在的说话者停止说话，其他会话参与者都未说话，现在的说话者可以（但不是必须）继续讲话。

例59：

附录1——话轮：47—48

c.现在的说话者未选择下一个说话者，如果现在的说话者停止说话后继续说话，其他会话参与者也同时说话，说话内容最先显示在屏幕上者获得下一个话轮，话轮交接发生在那个转换关联位置。

例60：

附录1——话轮：1—2—3

（3）用于第一个转换关联位置后的每一个转换关联位置。

当现在的说话者运用规则1d或规则2b时，那么在下一个转换关联位置可以运用规则1a—e与规则2a—c，并且可以在下面的转换关联位置循环运用上述规则，直到说话者转换实现为止。

5.2.2　电子会话话对的形式结构

日常会话中，话对的形式结构可以分为两大类：一类是毗邻式，另一类是嵌入式。

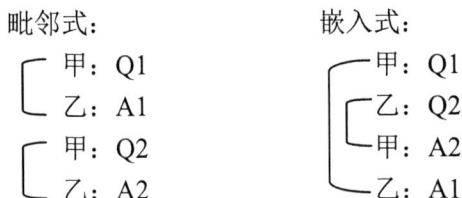

毗邻式：

甲：Q1
乙：A1
甲：Q2
乙：A2

嵌入式：

甲：Q1
乙：Q2
甲：A2
乙：A1

图19　日常会话话对的形式结构

技术语境下，电子会话可以多人同时参与，会话行为的无中心特征使整个会话由原本有中心的辐射状结构转变为网状结构，任何两个人之间的会话都能形成话对，因此电子会话话对的形式结构非常复杂。一个话对的构成最少需要两个人的共同参与，所以我们以两人之间的会话作为典型，对电子会话的话对形式结构进行演绎。

根据5.1.2.2对话对特征的分析，日常会话中有问有答才能称之为话对，但是电子会话中，有问无答或有答无问甚至一问多答的情况频繁出现，并且这种问答也有明确的对象，因此我们也将之纳入话对这一概念下。

我们将有完整的引发语与应答语的话对称之为双向话对，双向话对常见于同步电子语篇；将有引发语无应答语，或有应答语无引发语的话轮组合形式称之为单向话对，单向话对常见于异步电子语篇；将由一个引发语触发的多个应答语的话轮组合形式称之为多向话对，多向话对在同步电子语篇与异步电子语篇中都比较常见。

5.2.2.1　电子会话的双向话对

由于电子会话不是以声音为语言信道，而是以文字、图像等为语言信道，加上电子会话话对的不相邻性和无序性特征，所以电子会话话对的结构形式必然会在日常会话的两种基本结构形式上有所延伸。我们以"〔"作为双向话对的基本形式标记，根据排列组合规律，可以推测出每两组双向话对都可能出现下列6种结构模式：

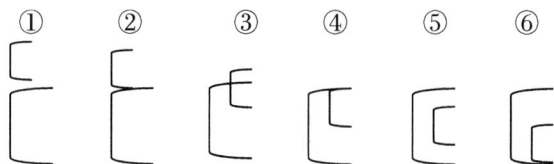

图20　电子会话话对的形式结构

在这6种形式结构中，①②均属于毗邻式话对，①是毗邻双部式话对，②是毗邻多部式话对，③我们称之为交叉式话对，④我们称之为分解式话对，⑤是嵌入式话对，⑥我们称之为汇合式话对。并且，在上面的6种结构形式之间还可以任意组合，我们称之为综合式话对。具体如下：（以"["作为话对的基本形式标记，Q表示引发语，A表示应答语，数字表示问答序号）

（1）毗邻式话对。毗邻式话对是指：由相邻的引发语和应答语两部分构成的话对形式。

a. 毗邻双部式话对。

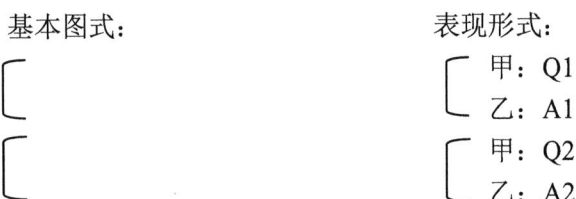

基本图式：　　　　　　　　　　　表现形式：

　　　　　　　　　　　　　　　　　　甲：Q1
　　　　　　　　　　　　　　　　　　乙：A1
　　　　　　　　　　　　　　　　　　甲：Q2
　　　　　　　　　　　　　　　　　　乙：A2

图21　电子会话的毗邻双部式话对

例61：

　　A：大家好怎么没人说话呢啊
　　B：你好啊
　　A：第一次来不知道说什么好呢还
　　B：我也是

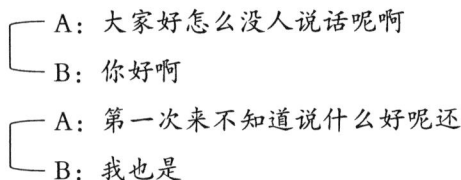

b. 毗邻多部式话对。

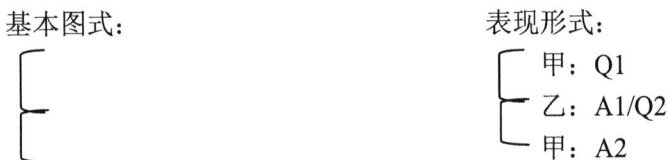

基本图式：　　　　　　　　　　　表现形式：

　　　　　　　　　　　　　　　　　　甲：Q1
　　　　　　　　　　　　　　　　　　乙：A1/Q2
　　　　　　　　　　　　　　　　　　甲：A2

图22　电子会话的毗邻多部式话对

例62：

```
┌─ A：刚刚有人在吵架
├─ B：是嘛（吗）谁啊　在这里闹啊
└─ A：他走了
```

（2）交叉式话对。交叉式话对是指：不同话对的引发语和应答语相互交错的话对形式。

基本图式：　　　　　　　　　　表现形式：

```
                          ┌─ 甲：Q1
  ┌─┐                     ┌─ 甲：Q2
  │ ├─┐                   ├─ 乙：A1
  │ │ │                   └─ 乙：A2
  └─┤ │
    └─┘
```

图23　电子会话的交叉式话对

例63：

```
┌─ A：这里好玩吗
├─ A：你是哪的饿
├─ B：一般
└─ B：我现在杭州
```

（3）分解式话对。分解式话对是指：由一个引发语和多个应答语构成的话对形式。

基本图式： 　　　　　表现形式：

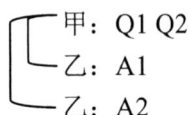

图24　电子会话的分解式话对

例64：

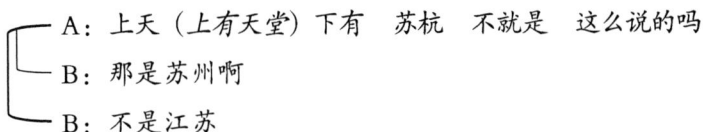

（4）嵌入式话对。嵌入式话对是指：在引发语和应答语中间嵌入其他形式话对的话对结构。

基本图式： 　　表现形式：

　　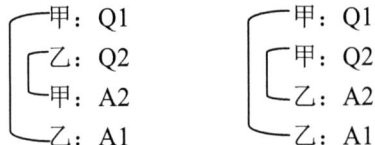

图25　电子会话的嵌入式话对

例65：

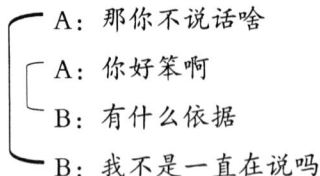

（5）汇合式话对。汇合式话对是指：由多个引发语和一个应答语构成的话对形式。

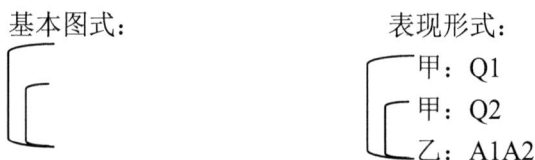

基本图式：　　　　　　　　　表现形式：
　　　　　　　　　　　　　　　甲：Q1
　　　　　　　　　　　　　　　甲：Q2
　　　　　　　　　　　　　　　乙：A1A2

图26　电子会话的汇合式话对

例66：

　　A：今天很冷清啊
　　A：咱去玩游戏吧
　　B：你来后就成这样了　　不想玩

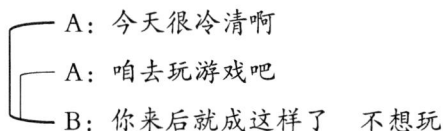

（6）综合式话对。综合式话对是指：（1）—（5）种话对结构形式之间的任意组合形式。

例67：

　1　A：唠会
　2　B：什么啊
　3　A：就是聊会的意思
　4　B：哦
　5　B：好啊

例67中共有4个话对，分别是：话轮1—话轮2、话轮2—

话轮3、话轮3—话轮4、话轮1—话轮5。其中话对1—2、话对2—3、话对3—4构成多部毗邻式话对；话对1—5与话对2—3、话对3—4构成嵌入式话对；话对1—2与话对1—5又构成分解式话对。

5.2.2.2 电子会话的多向话对

多向话对是指：由一个引发语触发的多个应答语的话轮组合形式。

在多人参与的异步电子语篇中，多向话对比较常见。

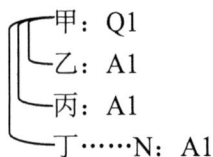

图27 电子会话的多向话对

例68：

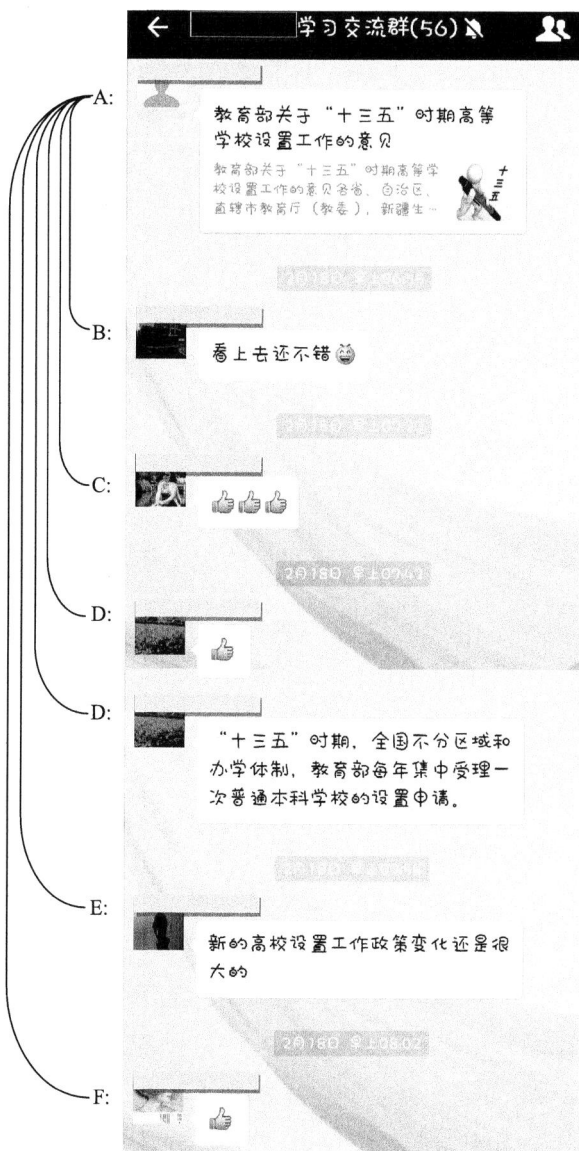

来源：微信群

在上面这个例子中，发话人A首先转发了一条信息链接，随后B、C、D、E、F分别对此条信息做出回应，构成多向话对。

5.2.2.3 电子会话的单向话对

单向话对是指：有引发语而无应答语，或有应答语而无引发语的话轮组合形式。

严格说来，单向话对不应归入话对的结构形式，但由于这种现象在电子会话中普遍存在，且对象明确，所以在此单独列出。

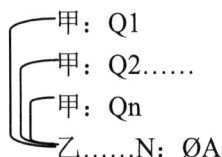

```
┌─甲：Q1
├──甲：Q2……
├─甲：Qn
└─────乙……N：ØA
```

图28　电子会话的单向话对

例69：

A对B说：不懂啊　说白点　你不是个东西啊~

B对A说：你是个东西

A对B说：我是个人 你连东西都不是　有什么资格问我~

B对A说：对，我不是东西，因为我是人

▶ C对B说：你不是东西？

A对B说：噢　谁说东西不是人了　你不就是个典范么？

▶ C对B说：那就是南北了

A对B说：哈哈　这是我的惊人发现啊

D对E说：好啊

C对B说：方（反）正都不是人

C对B说：哎

C对B说：　可怜

D对E说：你也挂着吗？

E对D说：是啊，一直是啊

B对A说：笨死了自己就是没发现，到（倒）赖到别人身上

A对B说：哎`　你怎么这么说呢

B对A说：88

C：88？

C：晕

C：你承受能力也太差了啊

在上面的这个例子中，真正的会话双方是A与B，和C毫无关系。可是在会话过程中，C不停地插入话轮，对B的话加以评价，看似自言自语，其实也在进行会话，只是在他说话之前没有引发语，在他说话之后也没有应答语。

在实际的电子会话过程中，往往都是单向话对、双向话对、多向话对交错而成。

5.2.3　电子会话话段的形式结构

5.2.3.1　电子会话的断裂式话段

断裂式话段是指：同一话段的连续性被破坏，完整的话段被分割成若干零碎的话对的形式。

我们在多人会话的状态下考察断裂式话段。

图29　电子会话的断裂式话段

例70：

1. A对B说：你好，聊会??

2. C对D说：大家是同胞.

3. D对C说：但我市（是）真正的韩国人

4. B对A说：好啊

5. A对B说：你是哪里人??

6. E对F说：那你说说有什么不同的啊

7. B对A说：四川的

8. F对E说：恩（嗯）~~~~~~~~~

9. C对D说：好好好，有民族气节，好样的

10. F对E说：好多不同啊

11. D对C说：你是那（哪）的

12. F对E说：要我说要说几天啊

13. A对B说：你是川妹子

14. E对F说：那你还是不要说了

15. B对A说：算是吧

在上面的这个例子中，A与B的会话，由两个话段构成：第一个话段由话轮1、4构成，是会话的开头，会话双方相互致

意；第二个话段由话轮5、7、13、15构成，谈论地域问题。两个话段中间都夹杂了其他人的话轮，完整的话段呈现出断裂的状态。如果排除其他人的会话，在A与B的会话中，话段仍然是呈链式展开。

5.2.3.2　电子会话的平行式话段

平行式话段是指：几个不同主题的话段呈二维平面平行发展的形式。平行话段会表现出主题的跳跃性、回环性、交错性等特点。

我们在两人会话的状态下考察平行式话段。

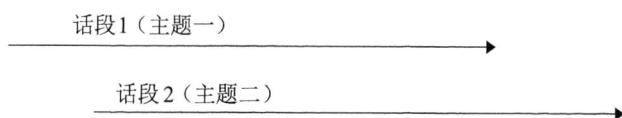

图30　电子会话的平行式话段

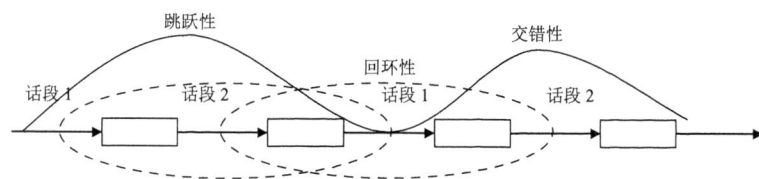

图31　电子会话平行式话段分解图

上图中，话段1与话段2是关于不同主题的平行式话段。在两人会话中，当两个话段放入一条会话流时，话段放入一条会话流时，话段1与话段2的主题总是交错进行，互相衔接；当话段1结束进入话段2，话段2结束又转回话段1时，电子会话平行话段表现出主题的回环性特点；而对于其中任何一个话段来说，其主题又表现出跳跃性特点。

例71：

1. A 对 B 说：你是哪里的人啊

2. B 对 A 说：我是山西人

3. A 对 B 说：哦

4. A 对 B 说：我对那里很陌生

5. B 对 A 说：有我你怕谁

6. A 对 B 说：呵呵

7. A 对 B 说：那里好玩吗/

8. B 对 A 说：你的职业？？

9. A 对 B 说：学生

10. B 对 A 说：很好玩。有空我带你完（玩）

11. A 对 B 说：好啊，写（谢）

12. A 对 B 说：谢谢

13. B 对 A 说：我也是学生，我的时间快到了，明天再见？

在上面的这个例子中，共有三个话段：第一个话段由话轮1—6构成，谈论地域问题；第二个话段由话轮7、10、11、12构成，谈论游玩的问题；第三个话段由话轮8、9、13构成，谈论职业问题。第一个话段与第二个话段呈链式结构，两个主题相互衔接；第二个话段与第三个话段呈平行结构，两个主题同时展开，相互交错，回环往复。

5.2.4 电子会话话流的形式结构

在日常会话中，多人同时会话的情况很少，所以会话流处于隐性状态，没有人专门研究会话流的形式结构；但是在多人参与的电子会话中，会话流被突显出来，因此，会话流的各种形式结构在这里得以展现。

电子会话中，会话流呈二维平面展开，有时甚至呈三维立体展开。

5.2.4.1　电子会话的平面式话流

（1）平行式话流。

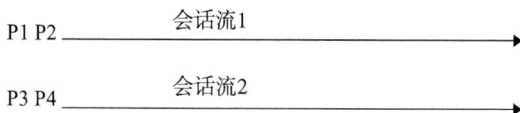

图32　电子会话的平行式话流

例：72

A对B说：喷会

B对A说：什么啊

B：大家好

A对B说：就是聊会的意思

B对A说：哦

B对A说：好啊

C：有人聊吗

D对C说：有.

C对D说：还好

A对B说：你是那（哪）里的人　连我们河南的方言都听不懂

B对A说：江苏的

C对D说：你好

D 对 C 说：你在韩国？

C 对 D 说：现在不在

在上面的这个例子中，整个会话由两条会话流构成：①A
—B；②C—D。两条会话流各不相干，呈平行式发展。

（2）交叉式话流。

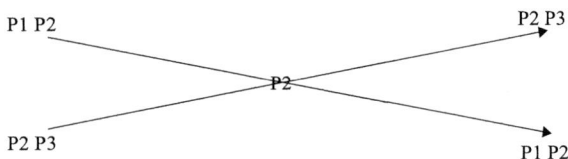

图33　电子会话的交叉式话流

例73：

A：你们好

A 对 B 说：你好

C 对 A 说：也不害骚（臊）

A 对 C 说：你有病啊

B 对 A 说：你好

A 对 B 说：恩（嗯）

C 对 A 说：你着（这）婆子

A 对 C 说：找打

C 对 A 说：你手长/常拿人东西？

B 对 A 说：不好意思　我等会再跟你聊

A 对 B 说：好

A对C说：120来接你了

在上面的这个例子中，整个会话由两条会话流构成：①A—B；②A—C。两条会话流以A为交点，呈交叉式发展。

（3）分支式话流。

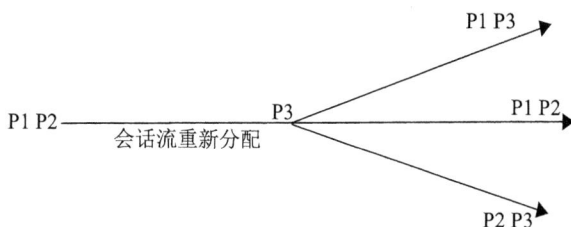

图34 电子会话的分支式话流

例74：

1. A对B说：你哪里人？

2. B对A说：潍坊

3. B对A说：你呢

4. C对A说：你好

5. A对B说：哪啊？我怎没听说过.我海安的

6. A对C说：你好啊

7. B对C说：山东

8. C对A说：你初3吗

9. A对B说：是啊，你呢？

10. A对C说：是啊，你呢？

11. C对A说：我高一

12. B 对 A 说：什么

13. A 对 C 说：你放假了吗？

14. C 对 A 说：放了

在上面的这个例子中，本来是 A 与 B 在会话，从第 4 个话轮开始，C 插入会话，会话流产生分支，由一条（A—B）转变为三条：①C—A；②A—B；③C—B。

（4）融合式话流。

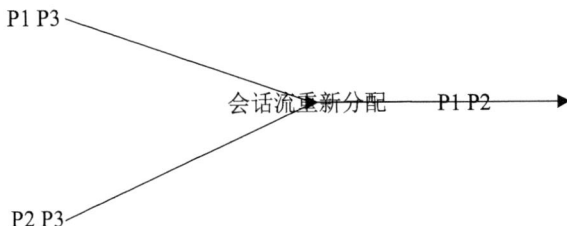

图 35　电子会话的融合式话流

例 75：

1. A：有人吗

2. B 对 A 说：我来了

3. A 对 B 说：没人摆啊

4. A 对 C 说：嗨

5. C 对 A 说：你好!

6. A 对 B 说：不用跟他私聊

7. B 对 C 说：你好呀

8. B 对 C 说：我们说说话把（吧）

9. C对B说：你是学生吗？

10. B对C说：恩（嗯）

11. C对B说：你多大了？

在上面的这个例子中，本来有两条会话流：①A—B；②A—C。从第7个话轮开始，两条会话流合并为一条：B—C。

5.2.4.2　电子会话的立体式话流

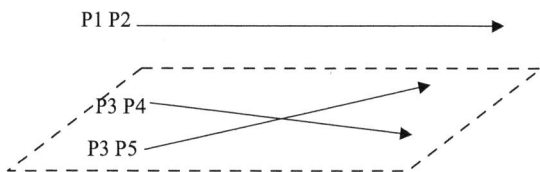

图36　电子会话的立体式话流

例76：

A对B说：是不是感动的（得）说不出来话了啊

C对D说：哥哥，我回来了

A对E说：还是你有办法

E对A说：不是我有办法，他早上没洗澡

D对C说：看到了

B对A说：没有啊，我在萌芽的社区看见一片（篇）很好的演讲稿

D对C说：你按我说的操作

A对E说：原来是这样啊　他还真不自觉呀

C对D说：看到了

143

E对A说：呵呵，

D对C说：比如

A对B说：那你就用心看　一会给我讲讲

D对C说：你先在成员列表中找到我的名字D

A对E说：你都不敢简讯他吗

C对D说：找到了

D对C说：点击鼠标右键

E对A说：对他只能用哄骗的办法

在上面的这个例子中，一共有三条会话流：①A—B；②A—E；③D—C。①②两条会话流交叉发展，交点是A，会话流③独立展开，分别与会话流①②平行，三条会话流呈三维立体状结构。

5.3　电子会话结构实例分析

我们以附录2来观察电子会话结构。附录2显示的是完整的电子会话状态，会话从一个人发话开始，到会话过程中陆续有20个人发话，到最后只剩两个人保持会话的持续发展。我们对整个会话进行了拆分，发现：整个会话呈三维立体结构展开，会话参与者有20人，共形成148个话轮，5条会话流。在这里，我们可以将该电子会话结构演绎成下面的图式：

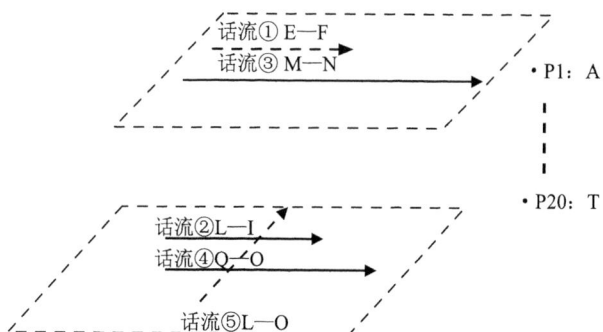

图37　实例分析——电子会话结构演绎图

在上面的图式中：

（1）会话中有20人发话，可以形成的会话流的最大值为20*(20–1)/2 = 190条，实际只有5条会话流，按时间顺序，5条会话流分别是：①E—F，②L—I，③M—N，④Q—O，⑤L—O。

（2）在这5条会话流中：话流①虽然刚刚开始就结束了（我们用虚线标出），但是话流本身是独立的，与其他话流保持平行；话流③是所有话流中持续时间最长、话轮话对最多的，由始至终都保持了自己的独立性，与所有会话流保持平行；话流②④本来与话流③保持平行独立发展，可是发展到第75个话轮，话流②中的L与话流④中的O之间形成话流⑤，虽然短小，但是却与话流②④形成交叉。这样话流②④⑤形成一个平面，话流③与此平面保持平行。

（3）会话中共有20人发话，除去形成话流的8人，其余12人独立于话流之外，形成单向话对，他们间或发话却又不形成话流。

对该语料继续进行分析，我们还可以统计得出下列数据：

（1）整个会话过程中，共有20人参与会话，其中8人形成会话流，有12人的会话是单向的，无人应答，占总人数的60%；参加会话时间较长的有6人，其中2人在与受话人会话的同时兼顾第三方交流，占总人数的10%；20人中，真正完成会话的有4人，其余16人会话不完整，占80%。

（2）整个会话过程中，共有148个话轮，其中28个话轮无应答语，占18.9%；其中132个话轮由单句构成，占89.2%；12个话轮由数字及符号构成，占8.1%；四字及四字以下的话轮有78个，占52.7%；148个话轮，100%以形式为标准；话轮索取与放弃100%由说话者自主掌握而无需发出任何信号；话轮被打断的现象为0；重叠现象为0。

（3）整个会话过程中，共有双向话对85个，多向话对0个，单向话对28个，占24.8%；85个双向话对中，60个话对在形式结构上表现得与日常会话不同，占70.6%。

（4）整个会话过程中，共有29个话段，从话段的内部结构看，有4个话段的形式结构表现得与日常会话不同，占13.8%；从整个会话过程看，有10个话段是完整的，其余19个话段出现断裂，占65.5%。

（5）整个会话过程中，共有5条话流，按正常会话程式进行的有3条，另外2条程式化较弱，有始无终，占40%；5条话流中，完整的话流有2条，随意中断不完整的会话流有3条，占60%；5条话流中，话流⑤与话流②④形成交叉，呈网状结构，占60%；5条话流中，有4条话流是初次建立RO集，占80%。

我们对5条会话流分别进行分析，并加以统计，结果如下表：

表8　实例分析——会话流分支统计

分析项目	分析对象	会话流分支 话流1	话流2	话流3	话流4	话流5	会话结构
话轮	数量	5	23	66	31	4	148
话轮	构成要素	单句数字	单句符号	单句符号	单句数字	单句	单句数字符号
双向话对	数量	2	16	43	21	3	85
双向话对	形式结构 毗邻双部式	①②	/	①②/④⑤	①②③/⑦	/	毗邻双部式 毗邻多部式 嵌入式 交叉式 分解式 综合式
双向话对	形式结构 毗邻多部式	/	①②③	⑧⑨⑩⑪⑥⑯⑲	④⑥	①	
双向话对	形式结构 嵌入式	/	①	/	④⑦		
双向话对	形式结构 交叉式	/	/	/	④⑦		
双向话对	形式结构 分解式	/	①③	③⑪⑫⑮⑰⑱⑥⑯⑲	④⑥⑦	①	
双向话对	形式结构 汇合式	/	/	/	/		
双向话对	形式结构 综合式	/	①②③	⑥⑯⑲	④⑥⑦	①	
话段	数量	2	5	12	9	1	29
话段	形式结构	链式	链式	链式	链式平行式（3—4,7—8）	/	链式断裂式平行式
开端	构成	话轮1—2	话轮1—5	话轮1—2	话轮1—2	话轮1—3	致意式询问式相遇式
开端	类型	致意式	询问式	询问式	询问式	相遇式	

续表：

分析项目	分析对象	会话流分支					会话结构
		话流1	话流2	话流3	话流4	话流5	
结尾	构成	话轮5	/	/	话轮27—31	/	直接告别协商告别无结尾
	方式	直接告别	无结尾	会话未完成	协商—告别	无结尾	

根据上面的数据与分析，我们可以得出以下结论：

（1）话轮交接较为随意，会话有时不连贯，可随时开始，也可随时中断；

（2）话轮的分配方式变得单一，话轮索取与放弃自主掌握，且在索取话轮时无需发出任何信号，话轮被打断以及重叠的现象消失；

（3）会话多发生在陌生人之间，会话程式化较弱，完整性较差，结构松散；

（4）会话会发生交叉现象，呈多元网状结构；

（5）会话文本相对简单平白，话轮较为短小；

（6）会话结构的主体部分——话轮、话对、话段表现得与日常会话不同，日常会话中处于隐性状态的话流突显出来。

5.4 本章小结

根据上面的演绎推理与实例分析，我们认为：网络技术带来的不仅仅是会话过程中细节上的变化，而是会话的整体结构与局部结构的变异。其中最显著的变化是对一些重要的语言学概念的扬弃，如：话轮、话对、话段；其次是使日常会话中不显著的构成形式突显出来，如：话流；再次是使会话的开头与结尾在局部特征上表现出与日常会话不同的一面。我们将电子会话与日常会话在会话结构上表现出的区别性特征小结如下：

表9 电子会话结构与日常会话结构的区别

会话结构	比较项目		日常会话	电子会话
会话开端	特点		非终止性 不可重复性 制约关联性	可终止性 可重复性 制约关联性弱化
	类型		陌生人 （询问式、请求式、介绍式、提供式、闲聊式） 熟人 （同处型、拜访型、相遇型）	兼有陌生人（闲聊式）与熟人（相遇型）的特点 "致意—致意"对答结构 询问式、请求式
	方式		称呼语 体态语	点击对方网名（或所有人） —内容—发送消息
会话主体	话轮	判断标准	意义标准	形式标准
		构成要素	单句 复句 句群	省略句、独语句等非主谓句 数字、字母、动画、贴图、 动作命令、各种符号等
	话对	特征	由两个话轮构成；两个话轮相邻接；两个话轮各由不同的说话者说出；两个话轮的内容相互关联；两个话轮有一定的先后次序	两个话轮经常不相邻；两个话轮内容相关，意义却不完整；两个话轮在屏幕上显示的顺序，可能与实际会话相反；话对并不都是一一对应
		形式结构	毗邻式 嵌入式	双向话对 （毗邻式、嵌入式、交叉式、分解式、汇合式、综合式） 单向话对、多向话对
	话段	特征	呈线性连续展开	一维线性话段与二维话段并存 话段的连续性被打破

续表：

会话结构	比较项目		日常会话	电子会话
	形式结构		链式	链式、断裂式、平行式
	话流	数量	n/2(n为正偶数时) n−1/2(n为正奇数时)	n(n−1)/2 (n不分奇偶)
		形式结构	隐性状态	显性状态 二维平面 (平行、交叉、分支、融合) 三维立体
	整体形式结构		一维线性	三维立体
会话结尾	特点		程式化或非程式化	非程式化
	方式		结尾前的准备— 预示结尾— 协商—告别	协商—告别 直接告别 无结尾

第六章　电子会话策略分析

甘柏兹曾在《会话策略》中提到："讲话人能否有效地使对话人卷入会话，保持合作，共同建树有关的话题，都决定于他们对有关话语策略的掌握。对这些策略的掌握一方面体现在对一系列交际方式的适当选择，另一方面体现在对于这些交际方式的象征意义的知识的了解……有关的交际方式可以包括使用语言变项、选择语音变式，韵律或程式化表达方式，以及语体或语码转换。这些共同构成了讲话人的交际能力的有机部分。"①

技术的介入，带来了语场、语旨、语式特征的改变，形成了一个新的语域。在电子会话的语域下，每一个会话的参与者都必然会对固有的会话模式的理解发生改变，从而形成一套关于电子会话的心理预设。而当他们进入电子会话状态时，言语社团内部又形成了言语社区的潜规则，这些规则是会话者在技术语境下经过内部协商而遵循的规则，这些规则制约了会话结构的整体模式，同时也成为电子会话中行之有效的言语规范与话语策略。本章将结合电子会话中"自我"创设与成长的过程，从动态角度对电子会话RO集建立过程中的会话策略进行分析。

---

① 约翰·甘柏兹.会话策略[M].徐大明,周海洋,译.北京:社会科学文献出版社,2001:272.

6.1 电子会话的元策略

6.1.1 日常会话中的面子策略

6.1.1.1 面　子

面子（face）是交际参与元素中最人性化的方面，因此面子会直接影响交际参与者的话语表现形式。在社会学和社会语言学研究领域，对"面子"一般作如下界定：面子是交际事件中交际参与者相互给予并相互协同的公共意象。交际参与者之间的面子或礼貌关系包括两个要素：无标记的初始推测和面子关系的协同。①

6.1.1.2 面子悖论：关联与独立

在人类交往时，一方面，我们需要与其他交际参与者有所关联，并且要表示出我们的关注；另一方面，我们需要在交际中维护一定程度的独立性，并且向对方表示我们尊重他们的独立需求。面子的"关联"与"独立"这两个方面在任何交际中都会自然造成一种固有的面子悖论（paradox of face）情境，因为这两个方面在任何交际场合中都必须同时呈现出来。因此，面子策略（face strategies）包含关联面子策略与独立面子策略两部分。

关联面子策略主要有：关注他人，对他人的事情表现出强烈的兴趣，表明自己与对方具有同一群体内的成员资格（in-

---

① 罗纳德·斯考伦, 苏珊·王·斯考伦. 跨文化交际: 话语分析法 [M]. 施家炜, 译. 北京: 社会科学文献出版社, 2001: 41.

group membership），与他们有着相同的观点，或者相互以名字称谓等。

独立面子策略主要有：最低限度地推测他人的需求或兴趣，不把自己的观点强加于人，给他人以充分的选择余地，相互称呼时使用头衔或更正式的称谓形式。[①]

6.1.1.3　面子体系

"构成面子（礼貌）体系（systems of face/politeness）的有三个主要因素：权势、距离和强加程度。"[②]"在不同的交际情境中，这三个因素形成了三种面子体系：尊敬礼貌体系（deference politeness system），一致性礼貌体系（solidarity politeness system）和等级礼貌体系（hierarchical politeness system）。"[③]

"在这三种面子体系中，其中两种体系是对称的：尊敬体系和一致性体系，而另一种体系是非对称的，即等级体系。在尊敬体系中，所有交际参与者相互独立，关系平等或近于平等但却存在一定的距离，更多地采用独立面子策略。在一致性体系中，所有交际参与者地位平等，更多地采用关联面子策略。而在等级面子体系中，交际者之间存在社会地位差异，交际双方因其非对称性，采取的是不同的面子策略：由上对下使用关联策略（involvement strategy），而由下对上使用独立策略（inde-

---

①罗纳德·斯考伦,苏珊·王·斯考伦.跨文化交际:话语分析法[M].施家炜,译.北京:社会科学文献出版社,2001:42-44.

②罗纳德·斯考伦,苏珊·王·斯考伦.跨文化交际:话语分析法[M].施家炜,译.北京:社会科学文献出版社,2001:49.

③罗纳德·斯考伦,苏珊·王·斯考伦.跨文化交际:话语分析法[M].施家炜,译.北京:社会科学文献出版社,2001:52.

pendence strategy）。"①

6.1.2 电子会话中的言语调控策略

6.1.2.1 电子会话中的"面子"

于尔根·哈贝马斯在《交往行为理论》一书中指出"交往行为概念所涉及的是至少两个以上具有言语和行为能力的主体之间的互动，这些主体使用（口头的或口头之外的）手段，建立起一种人际关系。行为者通过行为语境寻求沟通，以便在相互谅解的基础上把他们的行为计划和行为协调起来。"②因此，交往理性不以主体与客观的二元对立结构为前提，而是以主体间相互的理解关系为前提。也就是说，在交往过程中，"自我"的核心意义不是孤立的个人，而是"自我"与"他人"的关系，即"主体间性"。网络交往也是主体间的，有效的电子会话是"自我"与"他人"共同完成的。

同样，日常会话中的"面子"问题也会存在于电子会话之中，但是又有所不同：

（1）电子会话中不存在地位的差异，交际参与者之间地位平等，因此，日常会话中的三种面子体系在电子会话中出现的一般只有一种，即一致性礼貌体系。所以交际者一般采用的都是关联面子策略，向对方表示出我们的关注。在电子会话中我们称之为：依附性策略。

（2）会话者要从平等的发话机制中脱颖而出，让他人认可，

---

① 罗纳德·斯考伦，苏珊·王·斯考伦.跨文化交际:话语分析法[M].施家炜,译.北京:社会科学文献出版社,2001:55.

② 尤尔根·哈贝马斯.交往行为理论[M].曹卫东,译.上海:上海人民出版社,2004:84.

并且与对方保持合作，维持会话的持续进行，就必须保持一定的独立性。但是电子会话中的"独立性"与日常会话中的"独立性"不同，日常会话中的"独立性"是向对方表示我们尊重他们的独立需求，而电子会话中的"独立性"是保持交际者本身的独立性。在电子会话中我们称之为：标识性策略。

人的自我构元有两种：独立自我构元（independent self construals）与互依自我构元（interdependent self construals）。在个体主义文化里，独立自我构元占主导地位；在集体主义的文化里，互依自我构元则占主导地位。对重视独立自我构元的人来说，其重要任务为追求独特性，努力达成自己的目标，善于表达自己和直截了当对话。他们把个人的尊严与威望建立在善于表达自己与外化内在特性的能力上。对重视互依自我构元的人来说，其重要任务是把自己融入群体中、行为得体、促进群体目标达成、说话委婉化以及洞察他人的心思。他们把个人的尊严与威望建立在适应他人的能力以及在社会场合中维持和谐的能力上。[①]就这一点来说，电子会话中的依附性与标识性策略也成为必然。

依据上述分析，我们得出以下结论：在电子会话平等的发话机制中，会话要成为"有效"行为，一方面要遵从主体间性，与他人发生关联；另一方面又必须保持一定的独立性。也就是说：依附性策略与标识性策略在电子会话中会同时呈现出来。

---

① 胡超.跨文化交际:E时代的范式与能力建构[M].北京:中国社会科学出版社，2005:49-50.

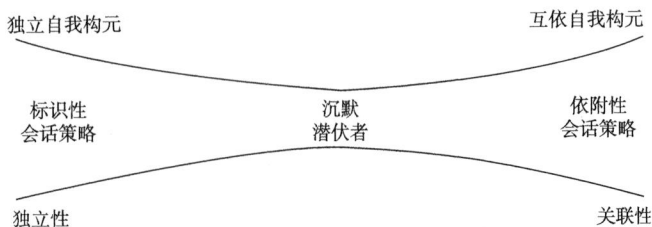

独立自我构元   互依自我构元

标识性   沉默   依附性
会话策略   潜伏者   会话策略

独立性   关联性

图38　电子会话中的言语调控策略

　　在上图中，"独立自我构元"的会话者，与"互依自我构元"的会话者，处于会话的两极，越往两极走，在会话中对于标识性和依附性策略的使用就越频繁，处于中间地带的会话者对于两种会话策略的使用频率比较低，他们更多地表现为"沉默""潜水"，俗称"围观者"或者"吃瓜群众"。当然，同一个会话者在不同的情境中会选择不同的策略，但是在标识性和依附性策略中总会表现出对其中一种策略的倾向性。对于不同会话策略的选择和使用，决定了会话人之间权利义务集的建立。

6.1.2.2　依附性言语策略

　　所谓依附性会话策略是指，在说话者交际过程中，与他人发生关联，为了保证交际成功，在会话形式和会话内容上采取向对方靠拢的策略。具体表现有：

　　（1）遵守合作原则与礼貌原则。

　　美国哲学家格莱斯认为，在所有的语言交际活动中为了达到特定的目标，说话人和听话人之间存在着一种默契，一种双方都应该遵守的原则，他称这种原则为会话的合作原则（cooperative principle，简称CP）。合作原则要求每一个交谈参与者在整个交谈过程中所说的话符合这一次交谈的目标或方向。正是交谈者的这种合作使得他们能够持续地进行有意义的语言交际。合作原则这条根本原则可以具体体现为四条准则：数量准则（quantity maxim）、质量准则（quality maxim）、关联准则（relation maxim）、方式准则（manner maxim）。

利奇的礼貌原则就是在其他条件相同的情况下，把不礼貌的信念减弱到最低限度。礼貌原则可以具体体现为六条准则：策略准则（tact maxim）、宽宏准则（generosity maxim）、赞扬准则（approbation maxim）、谦虚准则（modesty maxim）、赞同准则（agreement maxim）、同情准则（sympathy maxin）。

格莱斯的合作原则和利奇的礼貌原则，是日常会话中交际双方普遍遵循的原则。电子会话中，要想贯彻依附性会话策略，跟随"他人的声音"，同样也要遵循合作原则和礼貌准则。比如：会话之初使用问候语，形成良性互动；说话委婉有礼，表示尊敬；给受话人留有充分的选择余地；以受话人或受话人的兴趣为会话的出发点，建构和谐的会话氛围等。

例77：

A：大家好，我是■■，很高兴加入语教（1）班，以后还请大家多多关照。

B：😊

C：欢迎欢迎，热烈欢迎

A：谢谢

例78：

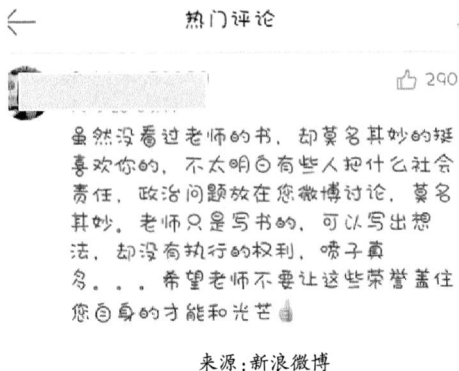

来源：新浪微博

在例77中，新入群的同学使用礼貌用语和群内潜伏的隐形会话参与者打招呼，由此得到大家的应答与欢迎，形成良性互动。例78是某知名作家一篇博文下的评论，排在热评第一的评论者因其委婉有礼的说话方式受到关注与好评。

（2）对他人表示关注、赞赏。

依附性策略的会话者为了在会话过程中建立良性互动，表示友好与顺从，在会话过程中更多地对对方倾注了关注与赞赏。在同步电子会话中更多地表现为对受话人表示移情，在观点、意见、态度、知识或情感等方面取得共识；而在异步电子会话中更多地表现为接受发话人的观点、意见，对他人的发言点赞、转发并善意评论。

例79：

A：大家好，我是****

B：好个性的名字

C：真的吗？

A：谢谢

D：四个字

例80：

来源：新浪微博

在例79的同步电子会话中，群内同学对新入群同学的姓名表示关注，表明自己对发话人的友好态度与欣赏之情，建立和谐的会话氛围，促使会话顺利展开。在例80的异步电子会话中，评论者在某知名运动员的博文下面表达自己对他的赞赏与喜爱之情，从而获得4885好评，一跃成为评论热度榜第一，成为关注焦点。

（3）划分朋友圈范围，以朋友熟人自居。

电子会话中，为了拉近交际双方的关系，发话人经常自行划定朋友圈范围。同步电子语篇中，以网络营销为例，营销过程中频繁使用"亲，……"即是最典型的表现。如例81，一次简短的购物询问，卖方连用三个"亲"，拉近与买方的距离，获

得好感。异步电子语篇中，明星微博的评论栏中充斥着大量的
诸如"word哥""我老公""某某姐"等亲属称谓也是一例。如
例82，明星微博下，评论的人纷纷称该明星为"姑父"，划定
亲属范围，拉近彼此距离。

例81：

A：亲，能拍的就是有货的哦 拍不下的就是没有的呢

A：亲亲，发哪个省的呢

B：安徽

A：发货的

B：大概什么时候发

A：亲，每个订单都将根据付款顺序来安排发货，一般在
48小时以内发货哦

例82：

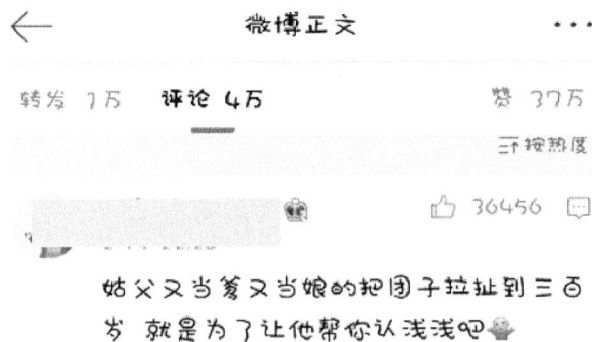

来源：新浪微博

6.1.2.3　标识性言语策略

所谓标识性会话策略是指，在说话者交际过程中，保持一定的独立性，为了在平等的发话机制中脱颖而出，在会话形式或会话内容上采取的在话语中留下自我印记的策略。

（1）故意违反合作原则和礼貌原则。

在日常会话中，顾及到面子问题，人们都要遵守合作原则和礼貌准则，以使会话顺利发展。可是在电子会话中，由于主体的特殊性，会话中各主体的平等性，要想在众人之中被人关注，经常要反其道而行之。因此，电子会话中经常会出现合作原则和礼貌准则被打破的现象，有些说话人故意使用不礼貌的策略以引起他人注意，进而从被动变为主动以掌握话语权。比如：故意说假话，故意使用不礼貌的语句，刻意模糊对方的身份等。

例83：

A：你们好

A对B说：你好

C对A说：也不害骚（臊）

A对C说：你有病啊

B对A说：你好

A对B说：恩（嗯）

C对A说：你着（这）婆

A对C说：找打

C对A说：你手长/常拿人东西？

例84：

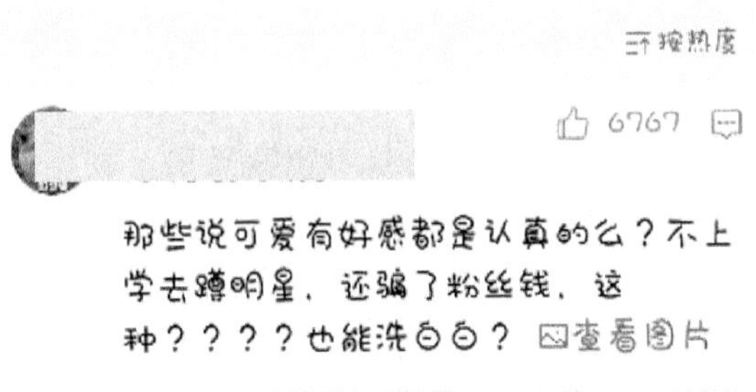
按热度
6767
那些说可爱有好感都是认真的么？不上
学去蹭明星，还骗了粉丝钱，这
种？？？？也能洗白白？ 查看图片

来源：新浪微博

例83发生在陌生人群组同步电子会话中，C因其不礼貌的言语行为在人数众多的群组中引起A的注意，并由此而展开会话。例84中，“虹桥一姐”在微博中对其账号的真实性加以说明，但按热度排名第一的评论却是对“虹桥一姐”的行为加以谴责，这明显违反了会话的合作原则与礼貌准则。这条评论收到6767个赞与382条回复，得到众人关注，一个被动的评论者因为其不礼貌的违反合作原则的会话行为，变成了掌握主动话语权的人。

（2）以自我为话题出发点，或从他人对立面出发。

为了发出“自我的声音”，在网络社区中构建一个完整的“自我”形象，会话者在话题的选择上往往以“自我”为话题的出发点，发挥“自我”的优势，在权利义务集建立的过程中处于上风。还有些会话者为了从众多会话者中脱颖而出，故意从他人的对立面出发，从而变成会话的焦点，在权利义务集建立的过程中占得一席之地。

例85：

来源：新浪微博

例86：

来源：新浪微博

　　例85、例86来自于同一篇微博。例85中某名人以"自我"为话题出发点，收到2523个赞与1018条评论，同时这条微博被转发5376次。例86是这条微博的热门评论，其中按热度排名第一的评论从这位名人的对立面出发对其进行了评论，而这条评论收到11736个赞，远远超出微博原文收到的好评。这两个例子展现了电子会话中发话者如何以"自我"为话题建构自我形象，受话者又如何从他人对立面出发成为会话焦点的过程。

（3）设定话题，引起不满与争议，或引起同情与好感。

为了引起他人关注进而以个人的言论影响他人，有的会话者会故意设定话题引起他人的不满与争议。比如，国外有些政治人物在网上发表的言论引起各方不满时，他依然会我行我素并持续发表相似言论，希望以此引起各方关注，进而达到以自己的言论影响他人的目的。这其实是一种会话策略，这和言论本身的真假并没有关系，这是会话者在网络社区中刻意建构的个人形象，如例87。还有的会话者故意设定话题以此引起他人的同情与好感，这种策略看似是向他人的顺从，其实是在妥协的过程中逆袭，博得更多的关注，明星的"自黑"行为就是一例，如例88。

例87：

The "Unaffordable" Care Act will soon be history!

🌐 翻译自英文

2017/1/13 下午7:33

2.8万 转推　11.8万 人喜欢

（奥巴马的平价医疗法案将很快成为历史！）

转自：新浪微博

例88:

2-1 来自 OPPO R9s

我是一个禁不起批评的人，如果你们批评
我……我就去植发🐱🐱🐱

（此处省略发话者照片1张，此条微博获赞116万，评论10
万条，转发38万次。）

来源:新浪微博

6.1.2.4 实例分析

例89:

人民网

3-6 21:07 来自 人民网微博

十关注

【学生：老师我的作业本真被烧了，不信你看
人民网微博😂】昨日，福建莆田多辆电动车着
火，引燃一辆轿车。消防员及时赶到救火，现
场传出一名小孩叫喊声："能不能帮我把后面
的作业拿出来吗？"据了解，这个孩子的作业
放在车后备箱里。@梨视频 口一手video的秒
拍视频

（此条微博转发674次，评论803条，获赞2143）

来源:新浪微博

评论按热度排名：

A：他一定是写了作业的（此条评论获赞2194，共7条回复）

B：我赌一包辣条 这本作业一定是写完了的（此条评论获赞1628，共23条回复）

C：哈哈哈哈 现在全微博都证明他的作业本真的被烧了（此条评论获赞1217，共5条回复）

D：能不能……吗　是一个病句（本条评论获赞325，共31条回复）

例90：

A：您是潜水呢还是官僚啊

B：看网页呢

A：哦

B：都二选一的题啊

A：对啊!!现在不都这样吗

A：可您不也一个都没选吗!!全都自做主张了

B：充分考虑我智商了吧

A：哈哈

B：来四个选一个的

A：行

A：就问个吃的吧

B：行

A：您最喜欢哪样，米饭，大饼，包子，馒头

A：四选一

B：没米饭我就感觉啥都没吃

A：白菜，豆腐，鱼，熊掌

B：熊掌没吃过啊　换龙虾行不

A：不行!!龙虾我也没吃过

B：那我选龙虾

A：那再来一个!!四选一，您最喜欢哪件事

A：聊天，看电视，睡觉，网恋

B：太简单了

B：睡觉

A：回答带有明显逃避的意思!!!扣十分

B：啊

B：多规矩啊我

A：我就知道您特爱聊天

B：得了吧

B：不睡觉才聊天呢

A：关键是没找着对手

B：我这都天下没对手了吧

在上面的这两个例子中，会话过程中的调控策略对会话双方的话题树立与话题延续都起了关键作用，依附性策略与标识性策略得到了充分的展现。

例89是一段异步电子会话。人民网微博发布的一则新闻被转发674次，评论803条，获赞2143个。从热度排名看A、B、C这三个会话人的评论获赞次数较多，他们在会话过程中主要

采取了依附性会话策略，对这则新闻表示了关注与赞同。值得注意的是会话人D，虽然D的评论获赞不是最多的，但在所有评论者中，D的评论回复率最高，也就是说D在对新闻进行评论的过程中，与其他观看到此则新闻的受众之间开启了新的会话。D在会话过程中主要采取了标识性会话策略，D并没有对新闻的本身表示关注，而是从新闻发布者的对立面出发，以新闻语言表述过程中的错误设定话题，引起其他会话者的争议与好感。

例90是一段同步电子会话。会话者A与B都采用了依附性会话策略来维持话轮的交替与话题的发展。A的依附性策略主要表现在：①用提问的方式开始话题，表示对受话人的关注；②从始至终都使用"您"称呼对方表示尊敬；③一旦开始话题，便继续用选择提问的方式维持会话的进行，引起对方的好奇，吸引受话人的注意；④始终以受话人为会话的出发点，并给受话人留有充分的选择余地；⑤会话过程中说话委婉有礼，与受话人形成良性互动，建构了和谐的会话氛围。B的依附性策略主要表现在：严格遵守会话的合作原则，在回答问题与A互动的过程中，说话真实、贴切、有问有答，信息不多不少、简明扼要，充分体现了会话的数量准则、质量准则、关联准则、方式准则等方面的要求。

两例会话中，会话者通过对依附性策略与标识性策略的调控与使用，充分展示了会话双方的互依性与独立性。

6.2　电子会话的话轮策略

话轮交接系统的研究是为了服务于会话。在电子会话中话轮交接技巧的正确使用将维系会话的有序发展，并保证在发话权共享的机制下，会话向着有利于自己的方向发展。下面我们将从动态角度研究电子会话的话轮策略。

6.2.1　日常会话保持话轮的技巧

根据日常会话中的会话程序与话轮转换的规则，刘虹在《会话结构分析》一书中，提出了八条保持汉语会话话轮的技巧，分别是：

（1）避免句尾音节的非平调拉长，音调上扬或下降，在每个句子收尾处收音短促有力。

（2）在一个句子完成后，紧接着使用表示句子尚未完成的连接词，如："还有""但是""而且""并且""另外""因为""所以""如果"等。

（3）避免完成句后的停顿，句子之间衔接紧凑。

（4）加快语速。

（5）完成句后避免使用具有响度的语气词。如果由于表达需要必须使用时，避免伴随语气词的音节延长以及延长后的停顿。

（6）增加音高、音强。

（7）避免使用语义重复的句子和具有总结性的语句，提高话语的信息度。

（8）避开潜在介入者的目光。[①]

一旦发生强行打断，如果说话者不愿放弃话轮，那么一般采取增加音高、音强、放慢语速等方法保持话轮，也可以用像"等我说完""先听我说""我马上就完"之类的语句制止打断，也可以采用手势制止打断。

6.2.2　电子会话话轮策略的具体表现

日常会话中的话轮策略主要表现在话轮的保持上，而保持话轮的技巧，恰恰是避免出现放弃话轮的信号。但是在电子会话中，由于会话场景的特殊性，话轮交接不但非常频繁而且异常混杂。在技术的作用下，由于所有的信息都要依靠键盘输入，所以话轮的长短完全控制在会话者自己的手里。但是，由于信息沟等因素的存在，对电子会话尤其是同步电子会话的速度提出了要求，话轮过长、速度过慢，将无法进行会话。因此，对于电子会话来说，重要的不是如何保持话轮，而是如何交接话轮。电子会话的话轮策略主要表现为依附性话轮策略与标识性话轮策略。话轮策略的正确使用将维系会话的有序发展，并保证在发话权共享的机制下，会话向着有利于自己的方向发展。

6.2.2.1　依附性话轮策略

所谓依附性话轮策略是指，在说话者对话轮交接进行控制的时候，与他人发生关联，为了保证交际成功采取的向对方靠拢的策略。主要表现有：

（1）多元发话。

电子会话有的发生在陌生人之间，会话之初首先要确定受

---

① 以上8条技巧见刘虹.会话结构分析[M].北京:北京大学出版社,2004:101-102.

话人，因此在发话权共享的机制下，要优先掌握话语权就必须多元发话，即同时向不同的受话人发话，并最终确定稳定的交流对象。在会话的过程中，可以利用电子会话特有的话轮交接规则，在其他会话参与者交流的过程中插入自己的话轮。

例91：

附录1——话轮1、2、4、14、40

例91中A在会话过程中与不同的受话人交流，最终确定稳定的交流对象。

（2）指定受话人。

电子会话中，有的群组人数众多，如果没有确定的会话对象，会话很难进行。因此在会话中必须要有明确的会话对象，这就要指定受话人。会话群组都有用户列表，发话人可以直接点击受话人姓名进行对话，然后按照话轮交接规则进行交流。这种情况在附录1每条语料中均有表现，一般在会话的初始状态或没有确定的受话人时才不指定受话人。

（3）接应话轮，形成双向话对。

作为跟随"他人声音"的会话者，要想完成高效、成功的交际，从会话结构角度看，首先不能做一个沉默的潜伏者，这就需要和发话人形成呼应，针对发话人的引发语做出应答，并形成双向话对，在同步电子语篇中这一点表现得非常明显。在异步电子语篇中，这种话轮的接应往往表现为对发话人发表语篇的认同，例如：点赞、善意评论、转发等。

例92：

A：这风真要把人刮跑

B：这时候过年长的肉的重要性就体现出来了

C：拽住一双肉手死死不放

D：稳如泰山、坚如磐石

例92，发话人 A 的话引发了群内原本潜伏的受话人的关注与应答，从而接应发话人的话轮，形成多个话对。

（4）维持话轮交替，形成有效话段与话流。

为保证会话的顺利展开，作为互依自我构元的一方首先要能保持和发话人平稳交接话轮，形成有效的话段和话流。在异步电子语篇中，一般表现为应答、点赞、善意评论、转发等手段的重叠使用。而在同步电子语篇中，常见的做法有：

①保持话轮交接速度，避免出现信息沟。由于网络繁忙、传输受阻，电脑、手机运行速度的差异，操作的熟练程度不同，交际一方同时和多人会话等因素，在电子会话中往往会出现信息沟，从而导致信息文本的传播滞后。按照话轮交接规则，当多人同时发话时，说话内容最先显示在屏幕上者获得下一个话轮。由于客观因素信息沟在所难免，但会话者可以通过持续发话来保持个人的话轮，以免交流滞后。

例93：

A 对 B 说：又见到你了😁

A 对 B 说：你经常来这么？😁

A 对 B 说：😲

B 对 A 说：嗯

B对A说：最近放假，所以就常来了

例93发生在多人会话群组，会话者A为了和B交流，持续发话保持个人话轮，终于得到会话者B的话轮接应，形成有效话流。

②保证话轮长短适中，避免造成话轮空缺。屏幕上的话轮交替很快，人数多的群组每一秒都同时有数个话轮在交替，要避免话轮轮空首先要开辟二人会话模式。除此之外，还应保持每一个话轮的长短适中，过长的话轮打字占用时间较长，反而会造成话轮轮空；过短的话轮，表述无价值，虽然可以及时反馈，但往往不能引起受话人的注意。

例94：

A：（此处省略1张照片）

B：A一点没变

C：和去年一样帅

D：你们都没变，就是女人变化大……

E：A长高了

A：变老了

E：熟男

A：是的，已经熟的（得）从树上掉下来了……

例94中五个会话者的话轮长短适中，话轮之间相互接应围绕一个话题有序展开，形成有效话段。

③减少无意义信息反馈，避免会话停滞不前。电子会话中

有时由于交际一方同多人会话，往往会应接不暇，对于对方的信息只给予简单的反馈，这往往会造成会话中断或停滞不前。因此，在确定稳定的谈话对象的基础上，应该注意尽量少使用信息反馈项目，如"哦""嗯""呵呵"等，在使用的时候也应尽量避免表达形式的单一化。从附录1整个语料来看，A在会话过程中很好地把握了信息反馈的尺度。有时候，过于简单的或者无意义的信息反馈会导致交际失败。

例95：

A：我

B：嗨

A：恩（嗯）

B：哦

A：哦

B：一字经

B：哈哈

A：恩（嗯）

A：呵呵

B：好

A：好

B：剩时间

A：啊？

B：一字经

B：剩时间

A：哦

A：你想干什么？

B：啥也不向（想）干

A：哦

B：886

例95是一次完整的会话，由于交际过程中的信息反馈过于简单而导致了会话的终止。

④减少沉默几率，避免会话中断。沉默主要在运用话轮交接的自选规则以前发生，往往由于对所谈话题已没有更多可说的了，或者对所谈论的话题不感兴趣，或者谈话者本身或信息沟等客观原因。沉默往往会结束一次正在进行的谈话，中断话轮交替，因此，在适当的时候应该转移或延伸话题，以保持话轮的正常交接。

例96：

附录1——话轮14—34

例96中从话轮14开始都在讨论"英语"的问题，到话轮33结束，但是从话轮34起，A为了防止沉默，开始了一个新的话题，使得会话得以顺利维持下去。

6.2.2.2　标识性话轮策略

所谓标识性话轮策略是指，在说话者对话轮交接进行控制的时候，保持一定的独立性，为了在平等的发话机制中脱颖而出，在话语中留下自我印记的策略。主要表现有：

（1）首先发话。

　　电子会话话轮的判断标准由意义标准转向形式标准，只要有信息出现在电脑、手机屏幕上，哪怕是一个赞或者是信息的转发，都表现为一个话轮。因此，在人数众多、发话权平等的社交平台，要想脱颖而出，还必须有积极的会话态度。为了显示个人相对的独立性，突出自我，就要使自己首先成为话题中心，常采取的策略就是首先发话，让自己的话轮最早出现在屏幕上。在同步电子语篇中，这种情况非常多见，谁抢占首先发话的权利，谁就有机会成为一次会话的核心人物，在 RO 集的建立过程中便处于有利地位。

　　例 97：

　　A：喷会

　　B：什么啊

　　A：就是聊会的意思

　　B：哦

　　B：好啊

　　A：你是哪里的人，连我们河南的方言都听不懂。

例 98：

转发 13万　　**评论 1万**　　　　　　赞 17万

干抢热度

（与某名人同名）
XXX
2-15 17:45　　　　　👍 6099　💬

没拍XX，差评🐶
（某明星姓名）
经德、汉等人　共215条回复　>

来源：新浪微博

　　例 97 是陌生人群组同步电子会话的典型开头模式，一次完整、成功的会话总是由一个会话者首先发话，在屏幕上呈现出第一个话轮开始，接着由另一个会话者应答形成话对，再逐步形成话段、话流，并由此将会话发展下去。例 98 来自于明星微博，此条微博评论 1 万条，按热度排名第一的评论并无实际内容，而且是高仿号，这个会话者之所以能在万条评论中打败其他会话者，被我们看见并高居榜首，就是因为他抢占了发话权，在明星发布微博后，将自己的评论在最短的时间内呈现出来，前后不超过 1 分钟。在微博中，出现了很多高仿号、企业蓝 V 账号在名人微博底下抢热门的现象，他们采用的方法就是首先发话，首先出现在公众视野中，从而标识身份，带来极大的关注度，并由此带来各种利益。

　　（2）抢占话轮。

　　一次完整成功的会话要求话轮的持续交替，在这个过程中想要在众多的话轮中脱颖而出，就需要不间断发话，在保证自己话轮持续的同时抢占他人话轮。会话者往往采用强行插入他人话轮、主动分割自己话轮的方法抢占 RO 集中的有利地位。

①强行插入他人的话轮。由于电子会话场景本身的特殊性，要保持会话持续进行，并在众多的话轮中脱颖而出，就应该不间断发话，抢占他人话轮。按照电子会话的话轮交替规则，是以说话内容最先显示在屏幕上为准。因此不间断地发话是展开会话的一个有效策略。在电子会话中，当上一话轮结束时，无论是否选定下一话轮的受话人，无论上一话轮的说话者是否继续，在场的其他会话参与者都可以自选成为下一个说话者，只要说话内容最先显示在屏幕上就可以获得下一个话轮。因此，电子会话中完全可以强行插入话轮而取得话语权，并且这也不会被认为是一种不礼貌的行为。

例99：

附录1——话轮37

例99中从第37个话轮开始，由于E强行插入话轮，使得会话流从一条（A—D）逐渐变为两条（A—D、A—E）会话流交叉发展。E通过抢占话轮的方式，获得了属于自己的有效话流。

②主动分割自己的话轮。在同步电子语篇中，时间是抢占话轮的先机，谁的速度快谁就有机会取得主动权。长篇大论必然是不适合的，因此会话者往往将自己本身完整的一个话轮，切分成若干个片断，并连续发出，这样不但可以引起对方注意，而且可以抢占他人话轮，避免话轮过长而带来的话轮轮空，在发表自己观点的同时，剥夺了他人话轮显示在屏幕上的几率，

从而抢得话语权。而在异步电子语篇中，时间与速度的作用似乎被弱化了，人人都有发话权，谁发话的次数多、频率高谁就有机会取得主动权。在人数众多的自媒体平台，如果没有持续的话轮出现，就会被人遗忘，失去被关注的机会。这就是为什么名人微博要定期更博维持曝光率的原因，这也是为什么做微信营销的人会在朋友圈不断刷屏的原因。

例 100：

A：然后再娶个韩国老婆.哈.爱自己的故土，那是当然.

B：你要娶^..........

B：韩国....

B：我没听错吧

A：是的.这是我的梦想之一.

例 101：

梦龙脆脆已出⬇️
榛子脆皮➕榛子焦糖夹心⚫️
稍加冷冻～冰淇淋的口感太high了

23小时前

泡芙最后②枚 38 💰

23小时前

三种口味的酥大大曲奇花花
奶香十足　　酥到掉渣
怎么拼～随你 😋 😋 😋

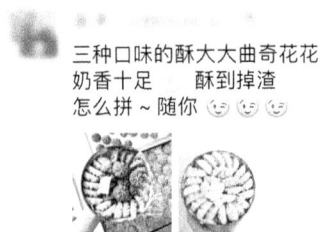

来源:微信朋友圈

　　在例100的同步电子会话中，会话者主动将完整的话轮分割成三个话轮，连续呈现在屏幕中，以此表明自己的质疑，维持会话的发展。例101的异步电子会话，是一个典型的朋友圈营销案例，发话人通过持续、高频地刷屏，获得他人关注从而推销产品。

6.2.3　电子会话话轮策略的实例分析

　　附录1语料提供的是一次比较成功的交际，记录了A从开始会话到结束会话的整个过程。从整个会话记录中，我们可以看到A是主角，并且很受欢迎。整个会话发生在A—B，A—C，A—E之间，会话过程中三条会话流交叉发展。A能够同时与三个会话者保持合作，维持会话的顺利进展，归功于会话策略的得当。从这篇完整的会话记录中，我们得出促使A交际成功的以下策略：

　　（1）整个会话过程中，一共130个话轮，其中A一人独占63个话轮，将近50%。由此，我们可以发现：在电子会话中，积极主动的会话态度对会话的成功起到了至关重要的作用。

　　（2）A综合运用了上述的依附性话轮策略与标识性话轮策略。首先，他第一个发话，先发制人，并且同时多元发话，兼顾几个受话人的身份。其次，他会话对象明确，并且在话轮的交接过程中积极主动，发话积极，应答积极，很少有无意义的信息反馈项目，更没有沉默的表现。最后，他对话轮的把握与控制恰到好处，话轮长短适中，并且他还通过话轮的保持与抢占，将自己立于显著位置。

6.2.4　小　结

　　通过对电子会话结构的考察，我们发现电子会话无论在会话程序、会话模式还是话轮交接上都不同于日常会话结构。电子会话特有的话轮交接规则对于会话的顺利开展与维持具有至关重要的作用。会话过程中，会话者的态度非常关键，会话者可以采取依附性话轮策略和标识性话轮策略，通过对个人话轮的维持和对他人话轮的强占，来维系会话的有序发展，从而保证在发话权共享的机制下，会话向着有利于自己的方向发展。

6.3 电子会话的修辞策略

6.3.1 修辞的重新定义

6.3.1.1 传统视野中的修辞

陈望道先生在《修辞学发凡》中对修辞这一概念有如下描述：

"材料配置定妥后，配置定妥和语辞定着之间往往还有一个对语辞力加调整、力求适用的过程；或是随笔冲口一晃就过的，或是添注涂改穷日累月的。这个过程便是我们所谓修辞的过程；这个过程上所有的现象，便是我们所谓修辞的现象。"①

从这个概念中，我们发现了这样一个观念：修辞是为了增强表达效果，对已经存在的话语所进行的技巧性加工，这种观念首先假设了一个基础的言语行为及其结果——话语的存在，而这个言语行为还不足以达到理想的交际效果，尽管它已经具备了初步的或粗糙的"达情表意"的功能。修辞不过是在这个基础行为已经确定的情况下对之进行修饰、调整、加工而已。这种本体假设即是：

言语行为的完成=基础的言语行为＋加工的言语行为

---

① 陈望道.修辞学发凡[M].上海：上海教育出版社,2001：7.

这样的观念建立在以下两个预设之上：a.思想可以在语言之外独立地形成，然后再用语言去表达它。b.语言表达可以是完全中性地对思想进行再现，也可以是为了某种特定的意图或效果而进行修辞的表现。

6.3.1.2　修辞概念的刷新

认知是来自外部世界的信息与我们已有的认知能力相互作用的结果，因此认知中的零度是不存在的，修辞的零度也不存在。这样出现了两个完全不同的预设：a.只有在与语言形式相互作用的过程中思想才能形成，只有被语言表达出来的思想才是我们可以认识的思想（思想是在表达的过程中最后形成的）。b.不存在中性的表达，任何表达过程都是一次带有一定意图、针对一定对象、追求一定效果并发生于一定语境中的言语行为。

这样两个预设对我们思考的制约，必然带来的后果就是——只要在使用语言，就是在进行修辞活动；修辞就是语言的运用，思想只能在修辞中完成。

因此，语义和语法只能够在修辞中实现，任何一次语言的使用都是在实现一次修辞行为，我们将从这个角度研究电子会话的修辞策略。

6.3.2　电子会话修辞策略的具体表现

6.3.2.1　依附性修辞策略

所谓依附性修辞策略是指，在说话者交际过程中，与他人发生关联，为了保证交际成功，在各种语言形式与非语言形式的使用上采取的向对方靠拢的策略。主要表现有：

（1）简约化策略。

电子会话提供了便捷的远距离交流环境。但是，目前这种交流多是通过文字传输的方式实现的，即使是口头交流而言，速度也较慢。电子会话群组所有人的会话信息都可以通过一个屏幕显示出来，只有高效便捷的交流方式才能保证交际的正常发展。因此，简约化策略的使用对于说话者在会话中占据主动地位具有非常重要的作用。一般有以下几种方式：

①使用缩略语。为提高电子会话的效率，经常会使用拼音、英文字母的缩写，数字的谐音缩写或用符号替代。缩略语的使用不仅可以节省打字时间，有时还能起到展示个性、活跃气氛的效果。前文4.1.4.2句法缩略部分已对此详细介绍，此处不再赘述。

例102：

　　　附录3-1——话轮21、41、45

例102中的"55555""88"都是数字式的缩略语，高效简洁，表现力丰富。

②使用简单句式。电子会话中，话轮交替的速度非常快，常常问句与答句之间会相隔很多话轮，如果使用复杂或较长的句式，会导致不能即时应答。因此，电子会话中会大量使用省略句、独语句等非主谓句和短句、散句等简单句式，有时甚至会在不影响表达意义的情况下简化语法规则或者使用不合语法规范的句式。附录3-2中使用的几乎都是简单的句式，其中省略句与非主谓句使用频率较高。

（2）一致化策略。

在电子会话中，在场同时参与会话的人很多，会话主体具有兼顾性特点，因此要想在众多的竞争者中取得一定的话语权，并维持会话的发展，就应该取得对方的认同，可以采取在语言结构或话语风格上向对方靠拢，与对方保持一致的策略。具体如下：

①结构相互对称。结构的对称是指会话双方有意识地在会话过程中使用一些字数相近、词语组合结构相似、句式对等的话语，相互应和。附录3中大部分都使用问答的方式保持合作，维持会话的发展。附录3-1中会话双方还同时使用了动作命令，系统自动形成的句式结构完全相同。

例103：

A轻轻地捧起B的脸，给了B一个无限温柔的吻。其时明月在天，清风吹叶，树巅乌鸦呀啊而鸣，A再也忍耐不住，望着B的背影，泪珠夺眶而出。

B一记佛山无影脚正中A的屁股，只见A一式平沙落雁屁股向后正落在聊天室地板上，屁股上印着B的两个大脚印

B手舞木棒，对准A的后脑一记闷棍，A的脑袋直飞观众席，又是一个本垒打！

A对B说：好痛呀

例103中，两个会话者A和B的话语句式相似且内容相互呼应，这些语句是社交应用自带的已经设定好的句子，会话者只要输入动作命令即可。

②风格相互呼应。风格的呼应是指会话双方在语言的风格色彩、意境、内蕴、说话方式上具有一致性。附录3-1中，会话者之间的对话，幽默俏皮，在话语的语气、风格上都相互呼应。3-2中，会话双方的话语方式是一致的，简单平白。将附录3-1与3-2总体比较，我们会发现二者风格迥异，但是两篇语料各自内部的风格又很统一。

例104：

例104中有三个会话者，他

来源：微信群

们同时使用社交应用自带的动态图片接应话轮，维持会话的发展，相互应和以此表达内心想法。

（3）亲切化策略。

电子会话中，说话人为了与对方拉近距离，取得对方的认可与青睐，保持与对方的会话能稳定地发展，经常在会话过程中使用一些亲切化的话语，打动对方，维持双方的合作关系。一般有以下几种方式：

①使用亲切的称谓语。在电子会话中，每个人都有自己的网名，但是有时为了能够表达出对对方的一种特殊的感情，经常会使用一切亲切的甚至是很亲昵的称谓语。

例105：

A：哇　姐姐　好可爱的名字~!

A：＊⌒_⌒＊　＊⊙_⌒＊

B：嘿嘿刚起的啦.

A：嘿嘿~!

B：就你一个啊.

A：昨天晚上一定睡的（得）很晚吧　姐姐

例105中，参与会话的二人并不认识，说话者却直接称对方为姐姐。姐姐是亲属称谓，这样的称谓用在初次见面的陌生人之间，立刻拉近了双方的感情。

②大量使用语气词。话语是电子会话的主要交际手段，在没有神态、表情的辅助之下，感情的表达经常通过语气词去体现，这就造成了电子会话中语气词的大量出现，有时受到一致化策略的影响，会话双方会高频率地使用语气词，以表示和对方的亲近关系。高频语气词主要有：呀（句末）、呵呵（单独使用）、哦（单独使用）、啊（句末）。例105中共六个话轮，却使用了"哇""嘿嘿""的啦""啊""吧"五个语气词，可见语气词在电子会话中的地位。

③使用问候语。电子会话中在会话双方都隐蔽的状况下，表示礼貌的最主要的方式就是使用问候语，尤其在双方会话之初，问候语的使用可以马上拉近双方距离，使会话有一个良好的开始。

例106：

A：大家好

B对C说：你好

D对E说：认识你很高兴

F对G说：你好，我们聊聊好吗？

例106是我们随意截取的一段聊天记录，会话之初使用问候语有助于建立会话双方的合作关系。

④使用礼貌用语。电子会话中，会话者经常使用礼貌用语，向对方表示安慰、歉意与感谢等。说话者谦逊的态度容易接近对方，使会话的开展有条不紊。

例107：

附录3-1——话轮17、24、26、27、38

例107中会话双方用礼貌用语表现了谦和的态度，有利于会话的持续发展。

⑤使用方言词汇。陌生人的电子会话中较多的话题就是籍贯问题，有的会话人为了能使双方感情更近，经常在问明对方的籍贯之后，使用一些具有方言色彩的词汇，让对方看了之后倍感亲切；也有的会话者使用方言词汇鉴别受话人的地域，或以此为话题展开会话。

例108：

A：dj　大家好啊

B：喷会

A说：什么啊

B说：就是聊会的意思

A说：哦

A说：好啊

B说：你是那（哪）里的人　连我们河南的方言都听不懂

A说：江苏的

B说：好地方　你们那里是不是很好玩　啊

例108中，会话者用河南特有的方言词汇"喷"来鉴别对方身份并以此开始会话。

（4）幽默化策略。

电子会话中为了维持会话的发展，使会话的气氛和谐，让对方关注自己，会话者往往会使用一些幽默夸张的手法、诙谐的话语和有趣的动画图片等。

例109：

A：喂喂喂喂喂喂　怎么没人接

B：接了

B：炸死了

A：不好意思　忘消炸弹了

B：嘿嘿

A：你没变黑吧

B：都熏出烟了

A：抱歉　SORRY　哈哈

例109中，会话双方应答巧妙且不失幽默，会话发展自然和谐。

6.3.2.2　标识性修辞策略

所谓标识性修辞策略是指，在说话者交际过程中，保持一定的独立性，为了在平等的发话机制中脱颖而出，在各种语言形式与非语言形式的使用上采取的在话语中留下自我印记的策略。主要表现有：

（1）使用专名。

电子会话中使用的专名就是一些网络昵称，即网名。就像日常会话中一样，每一个会话主体都需要一个身份的标识。网络昵称变化多端，但是每个昵称都是自己选择的，体现了个人对自身的不同层次的理解和期望。在电子会话中，网络昵称是每个会话参与者都必须具备的，会话的初始阶段，在双方都很陌生的情况下，网络昵称是发话人选择受话人的唯一标准。网络昵称反映了一个人的社会知觉和自我认知，在其丰富多彩的外表下，是会话参与者的自我呈现。网络昵称一般由汉字、数字、字母、符号、图形构成，网络昵称是会话参与者能否在陌生人群组中立足并开始会话的关键。

例 110：

A：****：大家好，我是****

B：团支书：好有个性的名字

C：班长：𝑔𝑔𝑔真的吗

A：****：谢谢

D：学习委员：四个字

例110中，会话者A刚刚加入一个新的群组，与群组内其他会话者都不认识，但是她的专名吸引了部分会话者的注意，会话由此展开。

（2）多模态语篇综合运用。

电子会话中，所有的交际信息只能通过电脑或手机键盘输入、屏幕显示，日常会话中的声音、外貌因素弱化，听觉刺激转化为视觉刺激。因此在会话过程中通过键盘输入的各类信息的视觉效果尤为重要。为了改善电子会话只使用文字的枯燥的交际方式，所有的社交应用平台都添置了动画、图片、动作命令等活泼的具有形象色彩的非语言形式的符号，以及音乐、视频等多模态语篇来代替原有的单调的文字。多模态语篇替代了电子会话中消失了的声音、外貌等因素，它比单纯的文字语篇承载了更为丰富的信息以及言外之意。在同步电子语篇中，多模态语篇的综合使用不但可以使会话主体突显出来，吸引其他会话参与者的注意力，而且可以使会话更为有趣，使受话人倍感亲切，使会话顺利发展。很多时候，在双方暂无话题发展的情况下，多模态语篇的使用还可以缓解沉默的尴尬气氛。在异步电子语篇中，综合使用多模态语篇，在突显说话人身份的同时，还可以对受话人造成视觉上的冲击，吸引眼球、博得关注，起到辅助表达的效果。

例111：

来源：微信群

在例 111 的同步电子会话中，会话者首先发布获奖照片，再用文字加以说明，用多模态语篇向其他在场的显性或隐性的会话参与者展示自己的成果。

（3）使用风格变异的句式。

日常会话中，我们使用的都是口头语体的语句，简单而明了。但是在电子会话中，会话参与者在追求语言简约化的同时，也出现了语句风格的变异现象，如使用书面化的语言，使用诗化的语句，使用古语词等。语句风格的变异给电子会话带来了不一样的风格色彩，可以起到突显会话者身份的作用。

例 112：

A：今番良晤，豪兴不浅，他日江湖相逢，再当杯酒言欢。咱们就此别过。

B：秋风清，秋风明；落叶聚还散，寒鸦栖复惊。相思相见知何日，此时此夜难为情。

例112中会话者使用诗词文言，改变了原先的话语风格，使会话者在多人会话的群组中带有了强烈的"自我印记"。

（4）使用不礼貌用语。

在日常的会话中，顾及到面子问题，一般都要使用礼貌用语。可是在电子会话中，有时身份的隐蔽带来了会话中各主体的平等性，群组会话中为了脱颖而出获得他人关注，有时要反其道而行之，因此，有些会话者故意使用不礼貌用语以引起他人注意，进而从被动变为主动地掌握话语权。附录3-2就是一个典型的例子，会话之初C用"你是活人呵"这样的语句引起对方的不满并由此展开会话；而D针对C的不礼貌的表现，给予了反击，说话者刻意抹去了对方的身份，称之为"小样"，会话正是在双方一来一往的争论中持续发展下去的。

6.3.3　电子会话修辞策略的实例分析

附录3-1、3-2分别提供了一次比较成功的交际。附录3-1展现了会话双方从开始到结束完整的会话过程的全貌。附录3-2由于语料过长，我们只展示了会话全程中的前半部分。两篇语料中，我们只选取了会话双方的聊天记录，以便更好地展示会话过程中修辞策略的使用。两篇语料中，依附性修辞策略与标识性修辞策略都有不同程度的表现，会话双方在整个过程中对策略的使用各有侧重。

（1）附录3–1中，会话之初，为了引起对方的注意，A使用了标识性修辞策略，如：动作命令的使用、语句风格的变异，其中也有些不太礼貌的成分。当对方有了回应之后，我们发现：A的说话语气、说话方式、说话内容都有了明显的变化，他开始逐渐向对方靠拢，此时依附性修辞策略占据上风，如：使用简单句式应答，使用语气词，使用礼貌用语向对方表示歉意与感谢。在整个会话过程中，虽然标识性修辞策略与依附性修辞策略都有所呈现，但是A更倾向于对依附性修辞策略的使用。

（2）附录3–2中，会话之初，C使用了不礼貌用语，引起了对方的极度不满。但是会话也正是由此引起对方注意，并且在双方的争论之中发展下去的。当会话双方的争论逐渐趋于缓和时，二者开始使用依附性修辞策略。如：利用问—答方式维持会话的发展，使用平白简单的句式，使用动画贴图以获得好感等。但是综合整个会话过程来看，会话双方在向对方靠拢的同时也保持了各自的独立性，双方更倾向于标识性修辞策略的使用。

6.3.4　小　结

通过对修辞概念的刷新，对电子会话策略的考察，我们发现电子会话特有的修辞策略对于会话的顺利展开与维持具有至关重要的作用。会话者可以采取依附性修辞策略和标识性修辞策略，通过对话语各种表现形式的选择和使用，来拉近双方距离或显示自己的独特之处，从而维持会话的顺利发展。上文列举的各种修辞策略可以单独使用也可以套用或叠用。

6.4　本章小结

　　电子会话为研究 RO 集的建立提供了一个模型，会话策略的选择与使用也表现出与日常会话的不同。

　　（1）会话者一方面要独立自我构元，强调"自我的声音"；另一方面要互依自我构元，跟随"他人的声音"。会话过程中，会话者通过对标识性策略与依附性策略的调控与使用，充分展示了会话双方的互依性与独立性。

　　（2）在语言表现形式上，会话者可以采取依附性话轮策略和标识性话轮策略，通过对个人话轮的维持和对他人话轮的抢占，来维系会话的有序发展，从而保证在发话权共享的机制下，会话向着有利于自己的方向发展；在语言表达方式上，会话者可以采取依附性修辞策略和标识性修辞策略，通过对话语各种表达方式的选择和使用，来拉近双方距离或显示自己的独特之处，从而维持会话的顺利发展。

　　电子会话语篇建构的过程就是会话策略动态生成的过程，也是无数个另一个"自我"创设与成长的过程。会话策略的研究对成功、高效、健康的人际关系的建立具有指导意义。当然，本书所探讨的仅仅是 RO 集建立过程中的会话策略，并非网络交际的真实意图，会话策略与真实的社会行为和交际意图并没有直接必然的逻辑关系，关于电子会话的交际意图的识别是另外一个问题，不在本书研究范围之内。

表 10 电子会话策略

	元策略	依附性策略	标识性策略
电子会话策略	言语调控策略	(1)遵守合作原则与礼貌原则 (2)对他人表示关注、赞赏 (3)划分朋友圈范围,以朋友熟人自居	(1)故意违反合作原则和礼貌原则 (2)以自我为话题出发点,或从他人对立面出发 (3)设定话题,引起不满与争议,或引起同情与好感
	话轮策略	(1)多元发话 (2)指定受话人 (3)接应话轮,形成双向话对 (4)维持话轮交替,形成有效话段与话流	(1)首先发话 (2)抢占话轮
	修辞策略	(1)简约化策略 (2)一致化策略 (3)亲切化策略 (4)幽默化策略	(1)使用专名 (2)多模态语篇综合运用 (3)使用风格变异的句式 (4)使用不礼貌用语

第七章　技术与电子会话

在对电子会话结构静态描述与电子会话策略动态分析的基础上，本章将考察技术对电子会话的作用，并对技术语境下电子会话的社会效应加以诠释。

7.1　电子会话是技术作用的结果

通过上面的研究，我们发现：技术带来的并不是对原有会话的全盘否定与彻底改变，而是局部的变化，技术在发挥作用的同时也遵循了非技术条件下日常会话中的基本原则和方式。所以技术对会话的作用是部分的，它有保留日常会话的一面，又有背离日常会话的一面，但是在技术与会话的相互作用下最终达到的是对日常会话的延伸。

7.1.1　电子会话是对日常会话的保留

通过前文的分析，我们可以看到：技术介入会话之后，虽然直接带来了语域特征与言语社团的改变，但是会话的整体框架、基本元素、主要功能并没有发生变化。

（1）整体框架：技术介入之后，会话仍然由整体结构与局部结构组成，在会话的整体结构上依然保留了日常会话的开头、主体、结尾三个部分；在会话的局部结构上仍然用两个要素（话轮构成要素、话轮分配要素）和一套规则（话轮交接规则）来描述话轮交接系统。

（2）基本元素：技术介入之后，会话的主体部分仍然保留了话轮、话对、话段三种基本形式，整个会话都是这三个基本元素在发挥作用。

（3）主要功能：技术介入之后，各种要素综合发挥作用，其主要功能仍然是为了保证会话的有序发展。

通过对技术语境下电子会话的研究，我们可以发现：技术运用的实质其实是在新的语域下与言语社团中最大限度地还原会话的原本状态，其目的就是为了保留日常会话的模式；技术对会话的介入不是为了创造一种全新的会话模式，而是提供一种更便捷的、能够适应新的技术发展的、可以为大众所接受的会话方式。

7.1.2　电子会话是对日常会话的背离

技术介入会话之后，在对日常会话的整体框架、基本元素、主要功能进行还原的同时，在以下几个方面背离了日常会话。

（1）会话程序：技术介入之后，说话的主控权在说话者手里，日常会话中轮番说话的模式被改变，屏幕的显示使会话中的重叠现象消失。

（2）基本元素的局部特征：技术介入带来的变化，更多地表现在会话的话语表征与会话主体的话轮、话对、话段的判断标准、构成要素、形式结构与内部特征上，这一点可参见第四章与第五章的分析。

（3）会话的内部规则及策略：技术介入之后，会话基本程序与基本要素的变化必然会带来以此为基础的会话的内部运作规则的变化，话轮交接规则对日常会话的背离就是典型的表现；并且我们发现，建立在电子会话规则之上的会话策略也发生了相应的变化。

通过对技术语境下电子会话的研究，我们可以发现：技术在介入会话之后，虽然想要最大限度地还原会话的原本状态，但是由于技术的原因，技术在还原会话本来面目的同时，不可避免地在话语表征、会话的程序、会话的构成形态、要素的局部特征与会话的内部运行规则及策略上与日常会话相背离。

7.1.3 电子会话是对日常会话的延伸

从上面的分析中，我们可以发现：技术在对日常会话进行还原的同时也逐步背离了日常会话，保留与背离双轨道同时在进行。电子会话一直在这种缝隙中寻找一个平衡的支点：一方面要保留会话原来的面目，就要利用技术手段进行更新；另一方面，技术带来了对日常会话的背离，又要利用技术手段加以弥补。在这两条轨道的夹缝中，电子会话其实是对日常会话在新的语域下的延伸。这种延伸表现在以下几个方面：

（1）会话的基本构成形态：技术介入之后，多人的会话模式使日常会话的二元结构发展为多元结构，会话者可参与的交际面更广。

（2）会话整体结构的多样性：技术介入之后，原本在会话结构中受到限制的成分在电子会话中表现地更为自由、活跃，例如：对日常会话的程式化的开头、结尾的突破，话轮、话对、话段形式结构的多样性。

（3）基本元素的突显：技术介入之后，原本在会话中不被注意的形式——会话流突显出来，它从隐性要素变为显性要素。

通过对技术语境下电子会话的研究，我们可以发现：技术在新的语域中被用来还原日常会话的同时，也因为自身的存在而背离了日常会话；技术在背离日常会话的同时，也在运用自身的技术弥补本身带来的缺陷；技术在弥补缺陷的过程中最终达到的境界并不仅仅是还原日常会话，而是延伸了日常会话，提供了一种新的会话模式。

电话技术、网络技术、手机技术都在还原日常会话面目的同时背离了原先的会话状态，又在弥补缺陷的同时在新的领域中延伸了日常生活中的会话功能，从而形成了新的会话模式。从一对一的会话模式，到一人对多人的会话模式，再到多人对多人的会话模式；从有声的会话模式，到无声的会话模式，再到有声、无声双向结合的会话模式；从面对面的会话模式，到远距离可听的会话模式，再到远距离可视的会话模式，这些发展变化都是技术在保留、背离、还原日常会话的过程中而最终形成的对日常会话的延伸。

7.2　技术语境下电子会话的社会效应

苏格拉底对裴德罗说："裴德罗，你瞧，书写和绘画有奇妙的共性。绘画的产物搁在那里，就像有自己的生命。但是，如果有人要向它们提什么问题，它们却保持最庄重的沉默。写下来的字是同样的道理。你认为它们在说话，好像它们有理解力，但是倘若你想再追问这些字，那个'说话人'始终还是那个老样子，它永远是那个意思……但是，难道不能有另一种写作或说话，比这个有力得多的写作或说话么？……我说的是一种聪明的写作……它可以捍卫自己，知道何时说话何时沉默。"输入电脑、手机屏幕上的字，通过技术的便利性，正在完成苏格拉底想要的东西，电子会话就是"聪明"的写作。技术的介入改变了人类习以为常的会话环境，实现了会话方式的跨越式发展，使得日常面对面的会话在时间与空间两个向度上得到了延伸。从技术对会话的影响，我们可以发现：技术的介入首先改变了整个语言环境，进而改变了会话参与者对会话方式的心理预设，从而改变了会话的话语表征、会话的整体与局部结构、会话的策略。而这些改变又会反过来促使会话者的心态与社会语言环境的改变。

首先，技术对会话的影响会促使会话参与者的心态发生改变，而会话参与者的特点很大程度上决定了变化的发生，对未来的影响。

会话参与者的忍耐性、容错性心理增强。电子会话对于文字输入速度的要求很高，这就使得会话过程中错误在所难免，文字的错误、词汇的错误、语法的错误都不同程度地存在着。并且这种错误往往会引起理解上的歧义，这就要求参与交际的会话者要能够适应这种语言环境，具有一定的容错性。同时，电子会话中的受话人不是一定要对发话人发出的引发语给予应答，发话人也不是一定要维持与固定的对象交流，这些也要求会话参与者有一定的容忍度。

　　会话参与者对会话方式求变求新，要求不断更新的心理增强。电子会话为我们提供了一种全新的会话方式，这本身就是求变求新心理的体现，但这并不是终结，而是起点。我们发现电子会话诞生之时，它仅仅发生在一些简单的会话场所，但这些年来，技术更新的速度越来越快，功能越来越多，并且随之出现了多种"补偿性媒介"（remedial medium）[①]。

　　会话参与者在公众交际中的表现欲望增强。电子会话场景往往是一个公众交际场所，会话内容不是只有参与会话的双方看到，在场的每个成员都可以看到他人的会话内容（私人会话除外）。因此，每个会话者在与固定对象进行交际的同时，在潜意识里也在关注别人，同时也在潜意识里借助自身的交际话语表现自己，希望引起他人的关注。每个会话者都在扮演一定的角色，并且这种角色扮演针对不同的交际对象而表现出差异性，会话主体的表现欲望增强。

　　会话参与者窥视他人会话的心理增强。由于电子会话场景中的成员并不一定要参与交际，因而我们发现有大量的沉默者存在，这些沉默者中，大多是在看聊。在这些看聊者中，大多数是没有任何恶意的，仅仅是通过看别人的会话来满足自身的交际需求。由此，我们认为人的交际需求，并不仅仅是通过直接对话才能满足，往往看别人交际也能实现想要进行交际的愿望。不可否认，有一些人是因为不习惯或不适应电子会话方式，而阻碍了正常的交际，进而采取了看聊的方式。但是，电子会话环境也助长

　　[①] "补偿性媒介"理论由美国媒介理论家保罗·莱文森（2004）提出，用以说明人在媒介演化中进行的理性选择。他认为，任何一种后继的媒介，都是一种补救措施，都是对过去的某一种媒介或某一种先天不足的功能的补救和补偿。换言之，人类的技术越来越完美，越来越"人性化"。

了"偷窥者"诞生，部分人的偷窥心理在这里得到了滋生。

其次，技术对会话的影响会促使社会的语言环境发生改变。

相对于日常会话而言，一方面电子会话的结构变得较为松散，会话整体节奏变慢，受话人并不一定要对发话人的引发语立即作出应答，这样就为会话参与者提供了更多的思考空间；但是，另一方面由于电子会话是通过键盘输入，相对于日常会话其过程变得更为繁琐，会话参与者为了会话的快捷便利，往往缩短话轮，所以会话中大多没有什么实质性的内容，这也阻碍了深刻的思想交流。同时我们也发现在电子会话中因此而产生的误解现象不断发生。

技术介入会话之后，电子会话成为日常会话的重要补充，它为人际交往开辟了一个新的交际环境，提供了一个公众交流场所。并且这样的会话环境又具有良好的应用价值。如：电子会话可以为工作、教学提供一个良好的平台，反馈意见，收集信息更加快捷。当然，电子会话也使我们的语言生活更加"碎片化"。

技术为我们提供了一个轻松的言语环境。由于会话参与者真实的社会身份可以被隐匿，因此，电子会话方式更能体现言语的平等性，电子会话中人人享有平等的发话权，意见的交流过程中更能体现民主性，汇集的意见也更为真诚。电子会话中的人际交往摆脱了现实身份的限制，人与人之间更容易接近，现代交际的生疏感也有所缓解。但是这样的交际方式只存在于特定的语域内，言语社团的范围相对来说比较狭窄。

特殊的会话结构与变异的话语表征，使得电子会话中的语言流入现实生活，语言表现在越发丰富的同时，也带来了恐慌。很长一段时间以来，很多人都在探讨这样的语言形式存在的价值及其对汉语即将带来的影响。但是我们发现，这样的一种话语表征、会话结构与会话策略产生于特定的语域下，因此使用的范围也局限在小小的语言社团内部，即使流入日常生活，也仅仅是一小部分。语言在线下更新的速度相对网上来说其实非常慢，所以对于这样的语言变异现象我们无须担心。

有技术介入的会话目前已成为人们日常交际的重要补充手段，如：电话通信、手机短信、QQ、微信、微博、电子邮件、BBS等。通过对电子会话的研究，我们可以推论：原始的面对面的会话是我们研究技术条件下话语结构的重要参照。任何技术介入会话，都会不同程度地对会话造成影响。并且，技术背景下没有一以贯之的标准，技术的独特性决定了话语表征、话语结构、话语策略的独特性，也就是说，不同的技术会带来不同的话语表征、话语结构与话语策略。而会话的这种变化又会产生一定的社会效应，促使会话参与者的心理与社会的语言环境发生相应改变。

根据技术与社会的互动理论，一方面技术根植于特定的社会情境；另一方面，新的技术的诞生又会提供一个新的社会情境。因此，人的选择促进了技术的每一次进步，而每一次技术的获得都使人在行为方式上发生改变，使人的活动和交往范围较以前扩大了很多。网络作为一种崭新的技术形式，将大大影响和改变人类的生活方式，它带来了一种低成本的、互动的、更大范围的、崭新的人际交往方式。技术对日常会话的保留、背离与延伸，最终达到的是对传统的人际交往模式的保留、背离与延伸。

一方面，网络为人际交往增添了新的因素。技术的介入促使交往过程中的每个人都经历着"自我"的分裂与角色的重整。日常会话的基础是身份认同的持续性和人格的同一性，而电子会话不再是"既定"或者"继承"下来的，而是一个自主选择的过程。网络建立的主体间的交往关系，实现的自我认同或集体认同有两种状态：真实的、无压抑的自我同一，或者虚假的、矫饰的自我同一。

另一方面，网络交往和现实中的交往有很多相似之处，甚至，网络上的交往是以我们已有的自然理解和交往模式为基础的。首先，网络背后都是现实中的人；其次，从电子会话的大量例子上看，基本上，陌生人会话开始的一个模式就是要问清楚你是谁，哪的，干什么的，即使不问，也会自己猜。会话之初的这种"去陌生化"过程，依据的还是现实交往的模型。电子会话从第一步开始就是要回溯到日常会话的模式中去。技术介入下的人际关系仍然按照现实生活的规律去建构。

其实，网络社会是现实社会的一部分，现实社会的"我"的本质决定着网络社会中的"我"的本质。技术的介入构成了人际交往中新的生活经验和心理经验。网络不是隔离于现实的独立的交际领域，网络交往是一种和现实交往交织在一起的活动方式，换句话说，这里没有两个领域，而是出现了两种行为模式。按照现在的趋势看，网络逐渐蜕变成传统交往的延伸手段。[①]

[①] 关于网络交往的讨论可参见《论证2》（http://www.bbtpress.com.cn/homepage-book/571/c05.htm）中《我们的网络生活——关于网络交往的讨论》一文。

附录1：电子会话语料1

说明：

本语料记录了 A 从进入社交平台开始会话到结束会话的整个过程。

本语料主要对应于正文"5.2.1电子会话话轮的交接系统"与"6.2电子会话的话轮策略"。

本语料用来说明电子会话的话轮交接规则与交接策略。每个话轮前我们都标注了数字。

为了保证语料的真实性，语料中所有的格式、文字、符号等都保持原样，未作改动，语料中的错别字均在后面加了"（　　）"，并用斜体标出了正确的本字。

1. A：你们好

2. A 对 B 说：你好

3. C 对 A 说：也不害骚（*臊*）

4. A 对 C 说：你有病啊

5. B 对 A 说：你好

6. A 对 B 说：恩（*嗯*）

7. C 对 A 说：你着（*这*）婆子

8. A 对 C 说：找打

9. C对A说：你手长/常拿人东西？

10. B对A说：不好意思　我等会再跟你聊

11. A对B说：好

12. A对C说：120来接你了

13. D：ghgj

14. A对D说：HEIIO（*HELLO*）

15. D对A说：看不懂

16. A对D说：你好

17. D对A说：你好啊

18. A对D说：恩（*嗯*）

19. D对A说：那是英语吗

20. A对D说：聪明

21. A对D说：你很牛么

22. D对A说：那当然，

23. A对D说：呵呵

24. D对A说：那是

25. A对D说：牛牛，好听么

26. D对A说：我起码还认识那24个字母

27. A对D说：哦，佩服

28. A对D说：我知（认）识26个

29. D对A说：你不认真读书，你吗（妈）会骂你的

30. A对D说：你很认真么

31. D对A说：没一点常识

32. D对A说：那当然

33. A对D说：切

34. A 对 D 说：你多大

35. D 对 A 说：不要崇拜我哦

36. D 对 A 说：21

37. E 对 A 说：你好

38. A 对 D 说：我呢

39. E 对 D 说：你好

40. A 对 E 说：好

41. D 对 E 说：你好

42. A 对 D 说：快猜

43. E 对 A 说：你多大

44. D 对 A 说：99

45. A 对 E 说：猜

46. E 对 A 说：19

47. A：我有那么老么

48. A 对 E 说：错

49. D 对 A 说：或许是89

50. E 对 A 说：大还小

51. D 对 A 说：难道你9岁

52. A：算了，告诉你们，我15

53. D 对 A 说：你在玩弄大叔我

54. A 对 D 说：有么

55. E 对 A 说：你考试了吗

56. A 对 E 说：什么考试

57. A 对 E 说：毕业??

58. D 对 A 说：这间房全是美女耶

59. A 对 D 说：你蟀（帅）么

60. D 对 A 说：除了？

61. A 对 D 说：什么

62. D 对 A 说：不帅好意思上网

63. E 对 A 说：期末

64. A 对 D 说：臭美

65. A 对 E 说：考了

66. E 对 A 说：你几年级

67. A 对 E 说：开学初二

68. D 对 A 说：自信源自实力

69. E 对 A 说：考的（得）好吗

70. A 对 E 说：没

71. D 对 A 说：小妹妹应该用心读书

72. A 对 D 说：切

73. A 对 D 说：你多大

74. D 对 A 说：20

75. E 对 A 说：你15上初2?

76. A 对 D 说：又小了一岁??

77. A 对 E 说：恩（嗯）

78. D 对 A 说：你知道还问

79. E 对 A 说：你不说开学初2吗，怎么又变了

80. A 对 D 说：你要我

81. B 对 A 说：还在呀

82. A 对 B 说：在

83. D 对 A 说：how （How）old are you?

84. A对E说：没变呀

85. B对A说：除了上网在干什么

86. E对A说：那你和我一个年级

87. A对B说：看漫画

88. A对E说：哦

89. D对A说：看不懂了吧，哈哈哈哈

90. A对E说：15呀

91. E对A说：你干什么呢

92. B对A说：哦　那刚才在看漫画咯

93. A对E说：说话呀

94. A对B说：不

95. A对B说：一直在

96. E对A说：你除了上网还在干什么呢

97. A对E说：看漫画

98. B对A说：哦　我刚才在看泷泽的演唱会

99. A对B说：好看么

100. A对D说：牛牛，你好

101. E对B说：你也喜欢漫画!

102. A对E说：你呢

103. E对B说：喜欢

104. B对A说：恩　因为我喜欢泷泽所以觉得好看

105. B对A说：我也喜欢

106. A对B说：哦

107. E对B说：你喜欢哪些漫画

108. B对A说：我最爱看CLAMP画的漫画

109. A 对 E 说：看过什么漫画？

110. E 对 A 说：很多

111. E 对 A 说：你呢

112. A 对 B 说：我也是，同胞

113. A 对 E 说：也很多

114. E 对 A 说：哦

115. B 对 A 说：那你多久（大）就开始看漫画

116. E 对 A 说：都是水（谁）写的

117. A 对 B 说：3年级

118. A 对 E 说：哦

119. E 对 A 说：打错了，是谁

120. B 对 A 说：小学3年级？

121. A 对 B 说：是

122. E 对 A 说：886

123. B 对 A 说：那比我早

124. A 对 B 说：你呢？

125. A 对 D 说：还在呢

126. B 对 A 说：5年级

127. A 对 B 说：哦

128. D 对 A 说：你好受欢迎啊

129. B 对 A 说：有没有喜欢的偶像

130. A：有事88888886

附录2：电子会话语料2

说明：

本语料第一部分记录了从A到T共20个人的整个会话过程；第二部分对整个会话进行了拆分，呈现了5条会话流分支状态。

本语料主要对应于正文"5.3电子会话实例分析"，用来说明电子会话的整体结构与局部结构。

本语料每个话轮前都标注了数字，会话中的每条会话流都单独列出并进行了分析，我们用"⌞"表示话对，"}"表示话段，并且标注了相应的序号。

为了保证语料的真实性，语料中所有的格式、文字、符号等都保持原样，未作改动，语料中的错别字均在后面加了"（　　）"，并用斜体标出了正确的本字。

1.　A对B说：你好啊

2.　A对B说：可以认识你吗？

3.　C：有人吗？

4.　对B说：你好

5.　D对B说：自己在啊是在等人妈（*吗*）

6.　E对F说：你好

7.　F对E说：好

8. E对F说：你一个人吗

9. F对E说：恩（嗯）

10. F对E说：我要走了886

11. G对B说：嗨　你好啊　这里边就我们两个人啊

12. H：狐狸，老子来了

13. I：dj　大家好啊

14. J对I说：hello（*Hello*）

15. K：大家好

16. L对J说：唉　还hello呢　你　木（没）发（法）说你

17. L对I说：喷会

18. I对L说：什么啊

19. M：大家好

20. L对I说：就是聊会的意思

21. I对L说：哦

22. I对L说：好啊

23. M：有人聊吗

24. N对M说：有.

25. M对N说：还（你）好

26. L对I说：你是那（哪）里的人　连我们河南的方言都听不懂

27. I对L说：江苏的

28. M对N说：你好

29. N对M说：你在韩国？

30. M对N说：现在不在

31. N对M说：以前在？

32. M对N说：恩（嗯）

33. M对N说：是的

34. N对M说：留学？

35. L对I说：好地方　你们那里是不是很好玩 啊

36. M对N说：不是，我是那里人,两岁来中国

37. I对B说：恩（嗯）~~~~~~~~~也不是啊

38. N对M说：你，韩国人？

39. M对N说：是的

40. I对L说：恩（嗯）`~`````也不是啊

41. O对B说：好哦

42. L对I说：上天（上有天堂）下有　苏　杭　不就是这么说的吗

43. N对M说：那你入中国国籍了吗？

44. P：hi（Hi）

45. M对N说：恩（嗯），来中国15年了,当然

46. I对L说：那是苏洲（州）啊

47. I对L说：不是江苏

48. L对I说：哎呀　反正有苏字就好了吗

49. I对L说：不同啊

50. N对M说：那就是中国人了嘛.

51. Q对O说：你好，聊会??

52. N对M说：大家是同胞.

53. M对N说：但我市（是）真正的韩国人

54. O对Q说：好啊

55. Q对O说：你是`哪里人？

56. L对I说：那你说说有什么不同的啊

57. O对Q说：四川的

58. I对L说：恩（嗯）~~~~~~~~~~

59. N对M说：好好好．有民族气节，好样的．

60. I对L说：好多不同啊

61. M对N说：你是那（哪）的

62. I对L说：要我说要说几天啊

63. Q对O说：你是川妹子

64. L对I说：那你还是不要说了

65. O对Q说：算是吧

66. Q对O说：爱吃辣椒？

67. N对M说：中华人民共和国．

68. M对N说：什么地方

69. Q对O说：你的性格一定很火

70. N对M说：安徽省

71. O对Q说：对四川人来说象（像）我这样吃很正常 但是对外地人来说可能就不一样吧

72. M对N说：哦，没去过

73. L对O说：又见面了啊　变态狂

74. O对Q说：我的性格？还好辣（啦）

75. O对L说：你着（这）个变态还有脸来见人啊

76. Q对O说：可以猜到

77. N对M说：我们那儿有黄山．

78. O对L说：呵呵

79. L对O说：呀还呀　你还知道我是谁 啊

80. M 对 N 说：好玩吗

81. N 对 M 说：非常美．

82. O 对 Q 说：呵呵我是双重性格的人

83. M 对 N 说：有时间玩去

84. M 对 N 说：今天星期几

85. Q 对 O 说：我就喜欢你这种人，交个朋友？

86. O 对 Q 说：好啊

87. O 对 Q 说：你是哪里的人啊

88. Q 对 O 说：我是山西人

89. O 对 Q 说：哦

90. N 对 M 说：Sunday

91. O 对 Q 说：我对那里很陌生

92. M 对 N 说：哦，那就好

93. N 对 M 说：怎么了？

94. Q 对 O 说：有我你怕谁

95. O 对 Q 说：呵呵

96. O 对 Q 说：那里好玩吗/

97. Q 对 O 说：你的职业？？

98. M 对 N 说：我还以为是周一

99. L 对 I 说：你们那有什么好玩的习俗吗

100. O 对 Q 说：学生

101. Q 对 O 说：很好玩。有空我带你完（玩）

102. O 对 Q 说：好啊，写（谢）

103. M 对 N 说：周一我们要去学校的

104. O 对 Q 说：谢谢

105. M 对 N 说：同学都不在．我还以为^

106. N 对 M 说：这就是生活．迷惑．你在中国上学？

107. M 对 N 说：恩（嗯）

108. M 对 N 说：是呀

109. Q 对 O 说：我也是学生，我的时间快到了，明天再见？

110. N 对 M 说：高中？

111. O 对 Q 说：好啊

112. O 对 Q 说：886

113. M 对 N 说：恩（嗯）

114. M 对 N 说：你呢

115. Q 对 O 说：还是新新人类

116. Q 对 O 说：886

117. N 对 M 说：我刚毕业．

118. M 对 N 说：哦..........

119. M 对 N 说：你叫什么？

120. L 对 I 说：老兄说话啊

121. N 对 M 说：大学我想修韩语的．

122. M 对 N 说：那太好了

123. L 对 I 说：怎么不发言了啊

124. M 对 N 说：韩雨（语）挺美的

125. N 对 M 说：刘哲羽．我大名儿．

126. M 对 N 说：哦

127. M 对 N 说：名子（字）很有哲理

128. N 对 M 说：是吗？

129. M 对 N 说：恩（嗯）

130. N 对 M 说：韩国美吗?

131. R：其他的人怎么都不说话啊

132. M 对 N 说：我那（哪）记得，15 年了

133. R：好无聊

134. M 对 N 说：不过，我以后要回去

135. N 对 M 说：我也想去留学的.

136. M 对 N 说：好呀

137. M 对 N 说：我从小就爱韩国

138. S：人好少啊`!!!!!!!!!!!!!!!

139. N 对 M 说：然后再娶个韩国老婆.哈.爱自己的故土，那是当然.

140. M 对 N 说：你要娶^……

141. M 对 N 说：韩国……

142. M 对 N 说：我没听错吧

143. N 对 M 说：是的.这是我的梦想之一.

144. M 对 N 说：呵呵，是吗

145. N 对 M 说：我喜欢韩国女孩的温柔.

146. M 对 N 说：你见国（过）? 不过野蛮的也不少哦

147. S 对 N 说：说话

148. T 对 O 说：你好很高兴认识你啊

会话流 1：E—F

```
┌─ 1.E 对 F 说：你好          ┐
①│                          │ 1 }
└─ 2.F 对 E 说：好            ┘

┌─ 3.E 对 F 说：你一个人吗     ┐
②│                          │ 2 }
└─ 4.F 对 E 说：恩（嗯）       ┘
```

5.F 对 E 说：我要走了886

会话流2：L—I

1.L 对 I 说：喷会
① 2.I 对 L 说：什么啊

3.L 对 I 说：就是聊会的意思 } 1

4.I 对 L 说：哦

5.I 对 L 说：好啊

6.L 对 I 说：你是那（哪）里的人
② 连我们河南的方言都听不懂 } 2

7.I 对 L 说：江苏的

8.L 对 I 说：好地方　你们那里是不是很好玩啊 } 3

9.I 对 L 说：恩（嗯）`~`````也不是啊

10.L 对 I 说：上天（上有天堂）下有苏　杭
③ 不就是　这么说的吗

11.I 对 L 说：那是苏洲（州）啊

12.I 对 L 说：不是江苏 } 4

13.L 对 I 说：哎呀　反正有苏字就好了吗

14.I 对 L 说：不同啊

15.L 对 I 说：那你说说有什么不同的啊

16.I 对 L 说：恩（嗯）~~~~~~~~~~

17.I 对 L 说：好多不同啊 } 5

18.I 对 L 说：要我说要说几天啊

19.L 对 I 说：那你还是不要说了

20.L 对 I 说：你们那有什么好玩的习俗吗

21. L 对 I 说：老兄说话啊

22. L 对 I 说：怎么不发言了啊

会话流 3：M—N

① 1. M：有人聊吗   1

    2. N 对 M 说：有．

3. M 对 N 说：还（你）好

4. M 对 N 说：你好

② 5. N 对 M 说：你在韩国？   2

    6. M 对 N 说：现在不在

7. N 对 M 说：以前在？

8. M 对 N 说：恩（嗯）

③ 9. M 对 N 说：是的

④ 10. N 对 M 说：留学？   3

    11. M 对 N 说：不是，我是那里人，

                 两岁来中国

⑤ 12. N 对 M 说：你，韩国人？

    13. M 对 N 说：是的

⑥ 14. N 对 M 说：那你入中国国籍了吗？

    15. M 对 N 说：恩（嗯），来中国 15 年了，当然

    16. N 对 M 说：那就是中国人了嘛．

    17. N 对 M 说：大家是同胞．

    18. M 对 N 说：但我市（是）真正的韩国人

    19. N 对 M 说：好好好．有民族气节，好样的．

⑦ 20.M 对 N 说：你是那（哪）的
21.N 对 M 说：中华人民共和国.

22.M 对 N 说：什么地方
⑧ 23.N 对 M 说：安徽省
24.M 对 N 说：哦，没去过

4

⑨ 25.N 对 M 说：我们那儿有黄山.
26.M 对 N 说：好玩吗
27.N 对 M 说：非常美.
28.M 对 N 说：有时间玩去

5

29.M 对 N 说：今天星期几
⑩ 30.N 对 M 说：Sunday
31.M 对 N 说：哦，那就好

32.N 对 M 说：怎么了？
33.M 对 N 说：我还以为是周一
⑪ 34.M 对 N 说：周一我们要去学校的
35.M 对 N 说：同学都不在.我还以为^

6

⑫ 36.N 对 M 说：这就是生活.迷惑.你在中国上学？
37.M 对 N 说：恩（嗯）
38.M 对 N 说：是呀

⑬ 39.N 对 M 说：高中？
40.M 对 N 说：恩（嗯）

⑭ 41.M 对 N 说：你呢
42.N 对 M 说：我刚毕业.
43.M 对 N 说：哦……

7

44.M 对 N 说：你叫什么？

⑮ 45.N对M说：大学我想修韩语的.　　　　　　　　　8
46.M对N说：那太好了

47.M对N说：韩雨（语）挺美的

⑯ 48.N对M说：刘哲羽.我大名儿.　　　　　　　　　9
49.M对N说：哦

50.M对N说：名子（字）很有哲理

51.N对M说：是吗？

52.M对N说：恩（嗯）

⑰ 53.N对M说：韩国美吗？　　　　　　　　　　　　10
54.M对N说：我那（哪）记得，15年了

55.M对N说：不过，我以后要回去

⑱ 56.N对M说：我也想去留学的.　　　　　　　　　　11
57.M对N说：好呀

58.M对N说：我从小就爱韩国

59.N对M说：然后再娶个韩国老婆.　　　　　　　　12
⑲　　　　　　哈.爱自己的故土，那是当然.

60.M对N说：你要娶^……

61.M对N说：韩国…

62.M对N说：我没听错吧

63.N对M说：是的.这是我的梦想之一.

64.M对N说：呵呵，是吗

65.N对M说：我喜欢韩国女孩的温柔.
⑳ 66.M对N说：你见国（过）? 不过野蛮的也不少哦

会话流4：Q—O

①
1.Q 对 O 说：你好，聊会？？
2.O 对 Q 说：好啊

1

②
3.Q 对 O 说：你是˙哪里人？？
4.O 对 Q 说：四川的

2

③
5.Q 对 O 说：你是川妹子
6.O 对 Q 说：算是吧

④
7.Q 对 O 说：爱吃辣椒？
8.Q 对 O 说：你的性格一定很火
9.O 对 Q 说：对四川人来说象（像）我这样吃
　　　　　很正常　但是对外地人来说
　　　　　可能就不一样吧
10.O 对 Q 说：我的性格？还好辣（啦）
11.Q 对 O 说：可以猜到
12.O 对 Q 说：呵呵我是双重性格的人

3

4

⑤
13.Q 对 O 说：我就喜欢你这种人，交个朋友？？？
14.O 对 Q 说：好啊

5

⑥
15.O 对 Q 说：你是哪里的人啊
16.O 对 Q 说：我是山西人
17.O 对 Q 说：哦
18.O 对 Q 说：我对那里很陌生
19.Q 对 O 说：有我你怕谁
20.O 对 Q 说：呵呵

6

21.O 对 Q 说：那里好玩吗/

7

22.Q 对 O 说：你的职业？？

⑦

23.O 对 Q 说：学生

24.Q 对 O 说：很好玩。有空我带你完（玩）

8

25.O 对 Q 说：好啊，写（谢）

26.O 对 Q 说：谢谢

27.Q 对 O 说：我也是学生，

我的时间快到了，明天再见？

9

28.O 对 Q 说：好啊

29.O 对 Q 说：886

30.Q 对 O 说：还是新新人类

31.Q 对 O 说：886

会话流 5：L—O

①

1.L 对 O 说：又见面了啊　变态狂

1

2.O 对 L 说：你着（这）个变态还有脸来见人啊

3.O 对 L 说：呵呵

4.L 对 O 说：呀还呀　你还知道我是谁啊

附录3：电子会话语料3

说明：

本语料分为两部分：附录3-1记录了A与B的会话过程；附录3-2记录了C与D的会话过程。

本语料主要对应于正文"6.3电子会话的修辞策略"。

本语料用来说明电子会话中的各种修辞策略的表现。每个话轮前我们都标注了数字。

话轮1、2、3、4、5、6、32、34、36、37为会话者在聊天室输入动作命令后，系统自动产生的话语。会话者很清楚这些动作命令所代表的含义，因此也是电子会话中真实的语料。

为了保证语料的真实性，语料中所有的格式、文字、符号等都保持原样，未作改动，语料中的错别字均在后面加了"（   ）"，并用斜体标出了正确的本字。

附录3-1：

1.　A一记佛山无影脚正中B的屁股，只见B一式平沙落雁屁股向后正落在聊天室地板上，屁股上印着A的两个大脚印

2.　　A对着B一拱手，朗声说道："江湖之中，尔虞我诈，难得能遇你我这般侠胆忠心之人。你我合奏一曲《笑傲江湖》，

意下如何？"

3. A把B做成的肉块放进锅里用薄油炒了炒，再盛到沙锅里用大汤文火炖烂。

4. A对B低声说道，需要我的时候，尽管说，就算千山万水，刀山火海，我也来！

5. A亲热地把B拉到一旁，笑咪咪地说道：走，咱哥俩喝一盅去！

6. A轻轻地捧起B的脸，给了B一个无限温柔的吻。其时明月在天，清风吹叶，树巅乌鸦呀啊而鸣，A再也忍耐不住，望着B的背影，泪珠夺眶而出。

7. A对B说：好玩吗？

8. A对B说：呵呵

9. B对A说：好玩是好玩，但此麦田非彼麦田！

10. A对B说：我说吗（嘛），您肯定找错人了，呵呵

11. B对A说：我没有找错人

12. B对A说：我知道你不是

13. B对A说：刚才只是闲了

14. B对A说：嘻嘻

15. B对A说：我工作来着，才看到，你真够可以的没人聊了，就开始打我了

16. A对B说：冤枉

17. A对B说：对不起，打搅了。呵呵

18. A对B说：很忙？

19. B对A说：做表呢

20. B对A说：头疼眼花的

21. B对A说：55555

22. A对B说：报表？

23. B对A说：恩（*嗯*）

24. A对B说：我来帮你，怎么样？

25. B对A说：呵

26. B对A说：表（*感*）谢

27. A对B说：算是补偿踢了你一脚？

28. B对A说：呵，算了，工作怎么能让你帮呢，让（*再*）说你也帮不上忙呀

29. B对A说：这样吧，让我也踢你一脚

30. B对A说：咱们就扯平了

31. A对B说：行呀

32. B一记佛山无影脚正中A的屁股，只见A一式平沙落雁屁股向后正落在聊天室地板上，屁股上印着B的两个大脚印

33. A对B说：请（*轻*）一点

34. B手舞木棒，对准A的后脑一记闷棍，A的脑袋直飞观众席，又是一个本垒打！

35. A对B说：好痛呀

36. B举起好大好大的铁锤往A头上用力一敲！，*** 『锵！』*** A表情呆滞! 从他的眼神你彷佛看到……

```
**************
*            *
*  5000000 Pt  *
*            *
**************
       ||
       ||
       ||
       ||
       |_|
```

37. B轻轻地捧起A的脸，给了A一个无限温柔的吻。

38. A对B说：谢谢

39. B对A说：不和你聊了

40. B对A说：有人不愿意了

41. A对B说：好的。88

42. A对B说：谁不愿意了？

43. A对B说：甭管他，爱谁谁

44. B对A说：呵，我得工作了，我等我的守望者

45. A对B说：好的，88！

附录3-2：

1. C对D说：你是活人呵（啊）

2. D对C说：小样 说什么？

3. D对C说：你才死了

4. C对D说：我没死

5.　C 对 D 说：你呢

6.　D 对 C 说：我也没

7.　C 对 D 说：哦　我知道了

8.　C 对 D 说：大家　都没死啊　呵呵

9.　D 对 C 说：你是谁啊

10.　C 对 D 说：那你不说话啥

11.　C 对 D 说：我是我啊

12.　C 对 D 说：你好笨啊

13.　D 对 C 说：有什么依据

14.　C 对 D 说：哈哈😊

15.　D 对 C 说：我不是一直在说吗

16.　C 对 D 说：是吗😊

17.　D 对 C 说：当然

18.　C 对 D 说：哦😊

19.　D 对 C 说：你哪的

20.　C 对 D 说：江西的😊

21.　D 对 C 说：男的　女的　多大

22.　C 对 D 说：女的😊

23.　C 对 D 说：你的😊

24.　D 对 C 说：我的

25.　D 对 C 说：是吗

26.　C 对 D 说：你的性别😊

27.　D 对 C 说：哦　男

28.　D 对 C 说：几岁了

29.　C 对 D 说：15😊

30. C 对 D 说：你呢

31. D 对 C 说：20

32. C 对 D 说：不会吧

33. D 对 C 说：怎么不会

34. C 对 D 说：大 5 岁啊

35. D 对 C 说：小妹妹　这有什么　还有比你大 50 的呢

36. C 对 D 说：你还读书吗

37. D 对 C 说：不了

38. C 对 D 说：那你在干什么啊

39. D 对 C 说：工作啊

40. C 对 D 说：什么工作啊

41. C 对 D 说：我不是查户口的

42. D 对 C 说：我还以为……

43. C 对 D 说：干什么

44. D 对 C 说：展览

45. C 对 D 说：什么

46. D 对 C 说：展览公司

47. C 对 D 说：哦　我知道了

48. D 对 C 说：知道了？

49. C 对 D 说：是啊

50. D 对 C 说：聪明!!!

51. C 对 D 说：我也觉得啊

52. D 对 C 说：呵呵

53. C 对 D 说：干什么

54. D 对 C 说：什么干什么

55. C对D说：你干吗呵呵啊

56. D对C说：没什么

57. D对C说：几年级了

58. C对D说：2初

59. D对C说：头向下走路?

60. D对C说：没什么

61. C对D说：我打慢吧

62. D对C说：不慢

63. C对D说：我打的（得）好慢的

64. D对C说：真的不慢

65. C对D说：是吗

66. D对C说：是啊

67. C对D说：我今天第一次上哦

68. D对C说：真的？

……

附录4：英汉术语对照表

A

addressee　受话者

addresser　发话者

adjacency pair　毗邻应对

agreement maxim　赞同准则

approbation maxim　赞扬准则

B

body　主体

C

casual conversation　随意会话

closing　结尾

computer-mediated communication　计算机中介交际

context of situation　情景语境

contextual configuration　语境构型

contextualization cues　语境提示

conventions　规约

conversational analysis　会话分析

conversation structure　会话结构

cooperative principle（CP） 合作原则

critical discourse analysis（CDA） 批评话语分析

cyberspace 网络空间

cyberspeak 电脑语言

D

deference politeness system 尊敬礼貌体系

dialogue 对话

discourse 话语

discourse analysis 语篇分析

discourse strategies 会话策略

distant 疏远的

E

electronic conversation 电子会话

electronic discourse 电子语篇

electronic language 电子语言

ethnomethodologists 民族方法论者

F

face 面子

face strategies 面子策略

field of discourse 话语范围

G

generosity maxim 宽宏准则

H

hierarchical politeness system 等级礼貌体系

I

independence strategy 独立策略

independent self construals 独立自我构元

information gap 信息沟

ingroup membership 成员资格

insertion sequence 插入序列

interactive written discourse 互动书面语篇

interdependent self construals 互依自我构元

Internet language 因特网语言

interpersonal communication 人际交往

intersubjective 互主体性（主体间性）

intertextuality 互文性（文本间性）

intimate 亲密的

involvement strategy 关联策略

K

key 风格

L

linguistic context 会话语境

M

manner maxim 方式准则

medium 媒介

modality 情态

mode 语式

mode of discourse 话语方式

modesty maxim 谦虚准则

mood 语气

N

natural conversation   自然会话

netspeak   网络语言

non-repeatability   不可重复性

non-terminality   非终止性

O

opening   开端

overlap   重叠

P

paradox of face   面子悖论

parole   言语

participants   交际双方

participants in communication   交际参与者

personal pronoun   人称代词

personal tenor   个人基调

power   话语权

pragmatics   语用学

preference organization   选择等级

pre-sequences   预示语列

process   话语过程

product   话语成品

Q

quality maxim   质量准则

quantity maxim   数量准则

R

relation maxim　关联准则

reliability　可靠性

remedial medium　补偿性媒介

repair　纠正

repair apparatus　修正机制

rights-and-obligations sets（RO集）　权利和义务集

S

self　自我

sequences　有序结构

setting　场地

side sequence　分岔序列

social interaction　社会交往

solidarity politeness system　一致性礼貌体系

speech community　言语社区

spoken　口头

spoken discourse　口头话语

subject matter　话题

sympathy maxin　同情准则

systems of face/politeness　面子（礼貌）体系

T

tact maxim　策略准则

tape-recording　录音法

technological determinism　技术决定论

tenor of discourse　话语基调

text　语篇

text based　文本结构

the social shaping of technology（SST）　技术的社会建构论

transcribe　转写

transition relevance place（TRP）　转换关联位置

turn　话轮

turn constructional component　话轮的构成要素

turn constructional unit（TCU）　话轮构成单位

turn-taking system for conversation　话轮交接系统

V

validity　有效性

variety　变异

vocative　称呼

W

web communication　网上交际

written　书面

written text　书面语篇

参考文献

保罗·莱文森.思想无羁[M].何道宽，译.南京：南京大学出版社，2003.

保罗·莱文森.手机：挡不住的呼唤[M].何道宽，译.北京：中国人民大学出版社，2004.

Carol Myers Scotton.会话中身份的协调：标记性和代码选择理论[J].国外语言学，1990（1）：6.

陈开顺.重新认识自动性在语言能力中的地位[J].解放军外国语学院学报，2002（3）：16.

陈青芳，蒋超，晏箚.网络聊天室中的人际沟通状况[J].青年研究，2001（5）：30.

陈松岑.礼貌语言[M].北京：商务印书馆，1989.

陈望道.修辞学发凡[M].上海：上海教育出版社，2001.

陈晓燕.会话结构：对电子会话语篇的功能语言学解读[J].英语研究，2006（4）：73.

陈晓燕.电子会话语篇的会话结构解析[J].外语教学与研究，2007（5）：338.

戴庆厦.社会语言学概论[M].北京：商务印书馆，2004.

段伟文.网络空间的伦理反思[M].南京：江苏人民出版

社，2002.

段曩卉.论语言交际的文化意义与移情作用[J].外语与外语教学，2003（3）：39.

Dwight Bolinger.语言要略[M].方立，李谷城，译.北京：外语教学与研究出版社，1993.

冯·戴伊克.话语·心理·社会[M].施旭，冯冰，编译.北京：中华书局，1993.

高一虹，龙迪.电话心理咨询导语：结构与功能[J].语言文字应用，2001（3）：55.

管志斌.语篇互文形式研究[D].上海：复旦大学，2012.

郭文燕，马春玲.浅析QQ聊天的话轮接应[J].修辞学习，2005（2）：26.

韩红.交往的合理化与现代性的重建[M].北京：人民出版社，2005.

贺阳.公关语言学[M].北京：中国人民大学出版社，2005.

何兆熊.新编语用学概要[M].上海：上海外语教育出版社，2000.

何自然.语用学概论[M].长沙：湖南教育出版社，1988.

胡超.跨文化交际：E时代的范式与能力建构[M].北京：中国社会科学出版社，2005.

胡惮，李丽.网络交际中双话题平行推进的语用特征与话轮结构[J].外语电化教学，2003（4）：26.

胡壮麟，朱永生，张德禄，等.系统功能语言学概论[M].北京：北京大学出版社，2005.

黄国文.语篇分析概要[M].湖南：湖南教育出版社，1988.

黄国文.电子语篇的特点[J].外语与外语教学，2005（12）：1.

黄少华，陈文江.重塑自我的游戏——网络空间的人际交往[M].兰州：兰州大学出版社，2002.

黄哲.网络互动的社会学思考[J].楚雄师范学院学报，2004（2）：85.

李蔚然.网络语言交际对语言交际原则的运用和偏离[J].吉林大学社会科学学报，2004（2）：54.

李悦娥，范宏雅.话语分析[M].上海：上海外语教育出版社，2002.

梁卉.网络会话语篇研究[D].长沙：湖南师范大学，2007.

林秋茗.ICQ网上会话特点分析[J].外语电化教学，2003（4）:32.

刘斐.中国传统互文研究——兼论中西互文的对话[D].上海：复旦大学，2012.

刘虹.会话结构分析[M].北京：北京大学出版社，2004.

刘念.网络流行语的语言经济学原则[J].华中科技大学学报（社会科学版），2004（3）：91.

吕明臣.网络交际中自然语言的属性[J].吉林大学社会科学学报，2004（2）：48.

罗明.虚拟社群里的魅影——论网络聊天主体流动身份的特征[J].西南民族大学学报（人文社科版），2003（6）:148.

罗纳德·斯考伦，苏珊·王·斯考伦.跨文化交际：话语分析法[M].施家炜，译.北京：社会科学文献出版社，2001.

孟威.网络互动：意义诠释与规则探讨[M].北京：经济管理出版社，2004.

倪宝元.大学修辞[M].上海：上海教育出版社，1994.

宁天舒.互联网即时性交际的语篇特点——对网上英语聊天室的会话分析[J].深圳职业技术学院学报，2003（2）：79.

诺曼·费尔克拉夫.话语与社会变迁[M].殷晓蓉，译.北京：华夏出版社，2003.

欧文戈·夫曼.日常生活中的自我呈现[M].黄爱华，冯钢，译.杭州：浙江人民出版社，1989.

庞小峰.从模因论视角浅析网络流行词汇的变异[J].中国石油大学胜利学院学报，2014（3）：30.

齐沪扬.传播语言学[M].郑州：河南人民出版社，2000.

祁林.关于网络聊天的主体性分析[J].现代传播，2001（5）：117.

钱敏汝.篇章语用学概论[M].北京：外语教学与研究出版社，2001.

乔纳·森波特，玛格丽特·韦斯雷尔.话语和社会心理学：超越态度与行为[M].肖文明，吴新利，张擘，译.北京：中国人民大学出版社，2006.

萨丕尔.语言论[M].陆卓元，译.北京：商务印书馆，1985.

邵敬敏.现代汉语通论[M].上海：上海教育出版社，2001.

沈燕.BBS主题帖的会话分析研究[D].武汉：华中师范大学，2014.

索绪尔.普通语言学教程[M].高名凯，译.北京：商务印书馆，1980.

索振羽.语用学教程[M].北京：北京大学出版社，2000.

唐魁玉，郑中玉.网络聊天的主体行为定位[J].自然辩证法研究，2004（12）：37.

汤志祥.词汇学理论与应用[M].北京：商务印书馆，2004.

王春.技术条件下的会话结构研究——以网络聊天室为例[D].上海：华东师范大学，2007.

王春，程宏亮.大众文化中的语言粘贴机制[J].长春理工大学学报（高教版），2009（7）：109-110.

王春.聊天室会话的话轮策略[J].长江大学学报（社科版），2010（1）：167-168.

王春.网络潜伏者的认知解读[J].邢台学院学报，2010（2）：36-38.

王春.从语境语法解读网络语言[J].吉林省教育学院学报，2010（8）：22-23.

王春.论网络交际中的话语粘贴[J].广西科技师范学院学报，2017（3）：75.

王德春.社会心理语言学[M].上海：上海外语教育出版社，1995.

王颗红.因特网上聊天会话探析[J].西安外国语学院学报，2001（4）：15-20.

王寅，黄翠瑶.哈贝马斯的交往理论与网络交往[J].广西社会科学，2003（8）.

吴为章.新编普通语言学教程[M].北京：北京广播学院出版社，1999.

吴燕琼.网络语言变异的模因解读[J].广东外语外贸大学学报，2009（3）：75-78.

徐大明.约翰·甘柏兹的学术思想[J].语言教学与研究，

2002，（4）：1.

晏如松，张红.技术的决定论和社会建构论[J].陕西师范大学学报（哲学社会科学版），2004，（10）：33-36.

杨金凤.从模因论角度看网络语言变异[J].湘南学院学报，2010，（4）：60-62.

姚汉铭.新词语·社会·文化[M].上海：上海辞书出版社，1998.

耶夫·维索尔伦.语用学诠释[M].钱冠连，霍永寿，译.北京：清华大学出版社，2003.

游汝杰，邹嘉彦.社会语言学教程[M].上海：复旦大学出版社，2004.

约翰·甘柏兹.会话策略[M].徐大明，周海洋，译.北京：社会科学文献出版社，2001.

于根元.网络语言概说[M].北京：中国经济出版社，2001.

于根元.中国网络语言词典[M].北京：中国经济出版社，2001.

于光远.自然辨证法百科全书[M].北京：中国大百科全书出版社，1995.

尤尔根·哈贝马斯.交往行为理论（第一卷）[M].曹卫东，译.上海：上海人民出版社，2004.

袁险峰.网络会话分析——以QQ群为例[M].重庆：重庆师范大学，2008.

赵艳芳.认知语言学概论[M].上海：上海外语教育出版社，2001.

赵毅，钱为钢.言语交际学[M].上海：上海三联书店，2003.

朱曼殊.心理语言学[M].上海：华东师范大学出版社，1990.